よくわかる勝共理論

日本と世界の平和のために

中村 学
Manabu Nakamura

はじめに

かつて日本では、多くの人々が共産主義の脅威を身近に感じていました。一九六〇年には、日米安保条約の改定に反対する左翼勢力が国会周辺に集結し、数十万人規模のデモが行われました（安保闘争）。六九年には東京大学の安田講堂を学生らが占拠、機動隊に火炎瓶を投げるなど激しい闘争を展開し、七六七人が逮捕されました（東大紛争）。事態を重く見た佐藤栄作内閣（当時）は、同年の東京大学入試の中止を決定しました。

国際社会では、ソ連を中心とする共産主義陣営が勢力を急速に拡大させていました。アジアでは北朝鮮に続き、ベトナム、ラオス、カンボジアが共産化されました。「次は日本ではないか」と考える人も少なくありませんでした。

ところが一九九一年にソ連が崩壊して東西冷戦が終結すると、この認識は大きく変わりました。ソ連からは十五の国が独立し、周辺の国々も次々と民主化を果たしました。共産主義国家は地上から一掃されるかのようにも思えました。

日本国内でも、「日本の共産化」を信じる人はほぼいなくなりました。日本共産党では若者離れが顕著となり、党の最大の課題は「日本の共産化」から「党員の高齢化」に変わりました。今や機関紙の「しんぶん赤旗」ですら、党員の高齢化で配達がままならない状況です。

こうした情勢の変化から、「共産主義の脅威」を訴えることは時代遅れであると考えられるようになりました。

しかし、この認識は誤りです。共産主義は依然として日本の最大の脅威といえます。日本の周辺に厳然たる共産主義国家（中国、北朝鮮）が存在し、地域の安定を著しく脅かしています。国内でも、共産主義思想は形を変えて活発な活動を行っています。そして、家庭や社会の秩序を言葉巧みに破壊し続けています。

ではなぜ、こういう状況になってしまったのでしょうか。ソ連が崩壊したにもかかわらず、あるいは日本共産党が伸び悩んでいるにもかかわらず、なぜ日本は共産主義の脅威にさらされているのでしょうか。

私はこの最大の原因は、民主主義陣営が「共産主義の脅威」を適切に理解できなかったからだと思っています。共産主義思想の根底には怨《うら》みや憎しみがあります。そして、共産主義はただの思想ではありません。明確な社会観、世界観、歴史観、そして実践的哲学を持つ壮大な理論体系です。ただ批判するだけでは、克服できません。明確な体系的理論が必要です。

それが「勝共理論」です。勝共理論は共産主義に反対するだけでなく、その誤りを指摘、批判し、その代案をも提示しています。

本書では、共産主義の骨子である、共産主義唯物論、唯物弁証法、唯物史観、資本論の間違いをできるかぎり分かりやすく解説してみました。共産主義こそ根本的に間違った思想であることを理解していただきたいと思います。

二〇一九年一月

著者

目次

第五章　唯物弁証法の誤り

第八章　文化共産主義の脅威

第一章　今なぜ、共産主義問題を考えるべきなのか

共産主義による危機

日本は戦後七十年の間、一度も戦争に参加せず、また戦争に巻き込まれることもありませんでした。このような国は、国連に加盟している一九三カ国のうち七カ国しかありません。アジアでは日本だけです。もちろん、それは誇らしいことなのですが、その結果、多くの日本人が、「平和と安全はただで手に入るもの」と錯覚するようになってしまいました。

日本が戦後の荒廃から奇跡の復興を成し遂げることができたのは、平和だったからだと言えます。道路を整備し町並みを築いたとしても、戦争で破壊されれば一からやり直しです。また、「いつ戦争が起こるか分からない」という国に投資する人はいないでしょう。日本が世界有数の経済大国になることができたのは、日本人の勤勉さ、優秀さもさることながら、日本が平和だったからということは疑いようのない事実です。

その日本が今、大きな危機に直面しています。進む道を誤れば、平和と安全が根本から損なわれてしまう恐れがあるのです。これは極めて深刻な問題です。

結論から言うと、日本に危機をもたらしている最大の原因は共産主義思想です。でも、「正直に言って、共産主義といってもあまりピンと来ない」という人が多いのではないでしょうか。「思想は難しい」「自分とは関係ない」と思う人もいるでしょう。あるいは、かつての学生運動や東西冷戦を思い出し、「今の日本には関係ないのではないか」と考える人もいるかもしれません。

しかし、そうではないのです。今の日本、そして未来の日本にとって、共産主義は最大の脅威であると言っても過言ではありません。

日本を取り巻く内外の脅威

日本を取り巻く脅威は、外からの脅威と内からの脅威の二つに大きく分けることができます。

外からの脅威は、まず北朝鮮問題です。北朝鮮はこれまで、長年にわたって核ミサイル開発を進めてきました。日本に届く核ミサイルはすでに完成していて、もうじきアメリカにも届くと見られています。それでアメリカがようやく本気になりました。

アメリカが本気になったのは、アメリカが核攻撃を受けるかもしれないからです。日本に届くからではありません。日米同盟は重要ですが、万能ではないということです。やはり「国を守る」ということは、自分の国で責任を持たなければならないということです。日本は国民皆保険制度など、世界の中でも有数の福祉国家です。それで日本人は、「国が何でもやってくれるのが当たり前だ」と考えがちです。しかし、世界ではそうではありません。何か問題が起きたとき、誰かが自動的にやってくれるということはないのです。

北朝鮮問題に関しては、ここ数年で大きな変化が起きるのは間違いありません。その「変化」が何なのかは、誰も分かりません。戦争かもしれませんし、クーデターかもしれません。どちらにせよ、日本には大量の難民が押し寄せてきます。なにしろ国が倒れるのです。人々は命懸けで安全を求めて移動するでしょう。国連の推計では、日本にやってくる難民の数は二十万から三十万人といわれています。

そして、もっと大きな脅威は中国です。中国は今、経済力と軍事力を急速に拡大させています。独裁体制も強化されています。様々な予想がありますが、今後十年から三十年後には、アメリカと肩を並べる国力を持つようになるでしょう。その中国が、日本にまで覇権を拡大しようとしています。この問題に、今から取り組まなければなりません。

未来の日本の立ち位置は

左翼系の護憲派の人々は、「日本の平和は憲法九条によって守られた」と主張します。しかし、これはおかしな話です。憲法九条は、日本が戦争をしないこと、日本が軍隊を持たないことを定めているだけです。どうしてその九条で日本の平和を守れるのでしょうか。例えば、犯罪に巻き込まれないためには、「私は平和主義者です。何でも話し合いだけで解決します」と宣言すればよいのでしょうか。それで犯罪者が遠慮してくれるのでしょうか。そんな理屈が通るなら警察は要りません。

実際は、日本の平和は自衛隊とアメリカ軍によって守られてきました。だから自衛隊は必要です。同じように米軍基地も必要です。もちろん米軍基地のあり方については議論があってもいいでしょう。騒音被害などは極力減らさなければなりませんが、基地そのものをなくすわけにはいきません。

ところが、中国はアメリカに対して次のように言っています。

「アジアから去れ！　いなくなれ！　アジアのことはアジアで解決する」

この言葉の意味は、アジアが自立して、より高度な民主主義を実現するということではありません。アメリカさえいなくなれば中国の思いどおりになる、ということです。「アジアには、中国と対等に渡り合える国はない。日本には自衛隊があるが、憲法九条があるからどうせ何もできない。だから中国の思いのままになる」というわけです。

戦後、アメリカ、ソ連（ロシア）、イギリス、フランス、中国の五カ国が大国といわれてきましたが、中国は今、アメリカに対して「新型大国関係」を呼びかけています。今の国際社会では、大国とはアメリカと中国である、この二カ国で世界の秩序を守っていこうではないか。だから両国は大国として互いに尊重する、そして干渉しない。これを国際ルールの基本にしようというのです。

今のところアメリカは、この提案を無視しています。しかし、アメリカの要人の中にも、「新型大国関係を受け入れるべきだ」という人がいます。中国に取り込まれてしまっているのです。もしアメリカ政府までもがそう判断すれば、日本にとって大変な事態です。

では、今後中国が経済的に、軍事的にさらに成長し、アメリカと対等な立場に立てば、どうなるでしょうか。きっとアメリカに対して、今以上に強い圧力をかけるでしょう。あるいは、「中国を優先したほうが得をするよ」と言うかもしれません。その時、アメリカは果たして、中国に敵対してでも日本を守ってくれるでしょうか。日米同盟は維持されるのでしょうか。その保障は一〇〇パーセントではありません。

アメリカ国内には、日本の「安保タダ乗り論」という考えがあります。日本はかつて、敗戦国として経済的に厳しい状況にあった。だから共産主義の脅威からアジアを守るためにアメリカが軍を駐留させた。ところが日本は今や世界有数の経済大国になった。本来なら日本の安全保障は日本自身が責任を持つべきだ。日本の繁栄はアメリカの犠牲に「タダ乗り」して築かれたものだ。ずるいではないか、というものです。

ただ、今のところアメリカでは、在日米軍を駐留させておいたほうがアメリカにとっても都合がよいと考えているようです。それで莫大《ばくだい》な軍事費を投入し続けているのです。これを逆に考えれば、「アメリカにとって利益はない」と思えば、米軍は撤退するかもしれないということです。それでも日本は、「憲法九条を守れ」と叫んでいればよいのでしょうか。

危機に直面してからでは遅い

こうした問題は、危機に直面してから考えるのでは手遅れです。

例えば、米軍が日本から撤退し、中国が本気で日本を攻撃すると考えてみましょう。当然、攻撃に使われるのは最新兵器です。

兵器は一世代違うとまったく通用しなくなります。スマホやパソコンもそうです。何年か前のパソコンでは、最新のソフトの多くは使えないでしょう。兵器も同じです。

例えば、中国は現在、ステルス戦闘機を大量に配備しようとしています。レーダーで捕らえられない戦闘機です。戦闘機はマッハ二〜三の超高速で飛ぶので、肉眼で捕らえて撃墜することなどできません。レーダーで捕捉し、ロックオンをして、自動で追尾して撃墜します。ところがステルス戦闘機はレーダーで捕らえられません。シミュレーション上の話ですが、ステルス戦闘機一機で通常の戦闘機五十機を全滅させられるといいます。それほど兵器の世代格差は致命的なのです。

国際社会では、軍事的な立場が相手より弱ければまともな話し合いができません。現在のフィリピンやベトナムなどがそうです。中国の動きを牽制《けんせい》する力を持たないので、中国が好き勝手にやっています。南シナ海に人工島を造り、フィリピンやベトナムの漁船を取り締まっています。これが国際社会の現実です。

では日本が危機に直面した時に、「今から最新兵器を配備しよう」と決断すればよいのでしょうか。そうではありません。兵器は国家の安全を左右する最高機密です。タダで売ってくれる国はありません。もし自国で研究開発しようとすれば何年もかかります。たとえ最新兵器を手に入れても、自衛隊が現場で使いこなせるようになるまでにまた何年もかかります。すべて合わせて十年以上かかるのが通常です。ですから十年後の脅威のために、今から準備しなければなりません。兵器に限らず、国家戦略は常に十年後、二十年後を見据えなければならないのです。

その時、日本はどういう国であるべきなのか。

今まで七十年間も戦争に巻き込まれなかったから、現状維持でよいのか。それとも世界の変化に合わせて、日本のあり方を真剣に検討しなければならないのか。未来に責任を持って考えなければなりません。

もちろん過去の教訓を生かすことは重要です。過ちを繰り返してはなりません。しかし、過去に捕らわれているだけではダメです。しっかりと未来を見据えることが重要です。

中国の本質は共産主義

中国の脅威について考えるとき、最も重要なのは、中国が共産主義国家であるということです。共産主義は神を否定し、人間の心を否定する思想です。そして共産党独裁のためには暴力革命や大量虐殺も容認する思想です。この脅威が日本人にはなかなか理解できません。日本人は「話せば分かる」と思いがちなので、共産主義国家に対しても、こちらが心を開けば話が通じるのではないかと考えてしまうのです。

しかし、共産主義は、決して「話せば分かる」という相手ではありません。「国民が豊かになれば、いずれ民主化される」という国でもありません。

放っておけば必ず勢力を拡大させようとします。そのためには戦争も正義となります。そして支配した地域では共産党一党独裁を強制します。反対する者には過酷な弾圧を加えます。これが共産主義国家の現実です。この点を多くの日本人が理解していません。日本人が共産主義に対する警戒心が弱いのには、日本の歴史が関係していると私は思っています。

日本人の多くは、「自由と民主主義」を当然のことのように考えています。ところが欧米の人々にとっては、「自由と民主主義」は長い歴史をかけ、多くの人々の犠牲の上に勝ち取られた制度です。アメリカには、「自由はただではない」(Freedom isn't free.)という言葉があります。彼らには、抑圧する王や領主に対して立ち上がり、革命を起こし、時には独立戦争まで行った歴史があるのです。その過程で多くの人が命を落としましたが、「自由と民主主義は命よりも尊い」と考えたのです。

この対極にある思想が共産主義です。なぜなら自由と民主主義を弾圧することを正当化する思想だからです。それで欧米では、共産主義が社会的に認められることはありません。「共産党」という政党も存在しません（アメリカには一応存在しますが、議席はありません）。

欧州連合（EU）では、新しく加盟国になるための条件がいくつかあります。これをコペンハーゲン基準と言いますが、その第一は「民主主義国家であること」です。言い換えれば、「共産主義国家ではないこと」です。つまり加盟国であることの第一条件を、「共産主義ではないこと」にしているのです。

一方、日本の民主主義は、戦後のGHQの占領下でアメリカから一方的に与えられるかたちで導入されました。そのため日本人には、「自由と民主主義」という価値を、命を懸けてでも守るという意識が乏しいのだと思います。

このことは、憲法九条の議論にもよく表れています。「戦争をするくらいなら、侵略されたほうがいい」という声さえあります。そんなことを言う人は、実際に侵略された地域の人々がいかに悲惨な境遇にあるかを知っているのでしょうか。人間として生きる基本的な権利が奪われるのです。移動の自由、表現の自由、経済活動の自由、あらゆる自由が束縛されます。「そんな状態で生きていても仕方ない」。多くの人がそう考え、命を懸けて戦ってきたからこそ、今の民主主義があるのです。その恩恵を享受しているのに、それを守るために自分は犠牲を払いたくないというのは、自分勝手のような気がしてなりません。

誤解がないように言っておきますが、私は決して戦争を推奨しているのではありません。ただ人間には、命に代えてでも守るべき価値があるのではないかと言いたいのです。

日本では中国に対して、ただの覇権主義国家として捉える傾向があります。「共産主義国家である」という部分を見落としてしまうのです。これでは中国の脅威を正しく理解できません。共産主義の脅威を正しく認識して、「共産主義には絶対に屈してはならない」という意識を日本人の中に浸透させることが急務であると思います。

内からの脅威――「家庭の価値」の崩壊

次に、内からの脅威です。最も深刻なのが「家庭の価値」の崩壊です。

最近、若者たちの中に結婚したくない人、結婚しても子供は要らないと考える人が増えています。「家庭を築くことは大切だ」という考えよりも、「個人として自由に生きる」という考えのほうが強調され、非婚化、晩婚化が進んでいるのです。

少子化が進み、子供が生まれなければ、その国は間違いなく滅びます。家庭が弱体化すれば愛が冷え、心情が消え、人間性が失われます。このままでは日本は外部から攻撃を受ける前に自滅しかねません。実は、この問題を生み出す核心にあるものも共産主義思想なのです。保育園が足りないというのも原因の一つかもしれませんが、決して本質ではありません。

共産主義思想では、人間は労働者であると考えます。その労働者としての権利を奪うのが国家です。だから国家は悪です。このように、共産主義思想では、社会を国家（＝悪）と労働者（＝善）の二つに分けて考えます。権力を持つ国家が、労働者を不当に支配しているという構図です。これを階級闘争論と言います。

共産主義思想は、これを家庭にも応用します。日本ではかつて、父親が外で仕事をして、母親が家事や育児を行うという家庭が大半でした。しかし、共産主義者は、これが問題だと言っています。

その理由は次のようなものです。妻や子供は、父親が持ってくる給料に依存して暮らさ

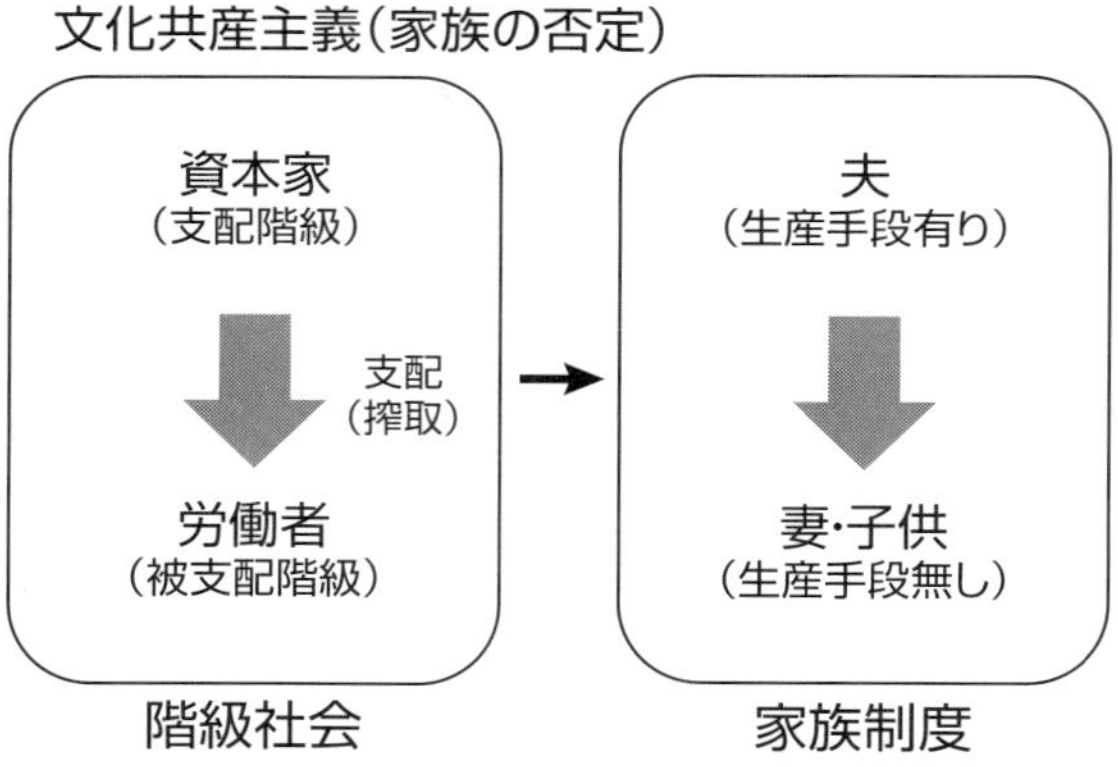

なければならない。だから父親に逆らうことができない。こうして父親＝支配者＝悪、妻や子供＝被支配者＝善という構図ができる。このように、家族制度は、男性が女性や子供を支配するための道具としてつくられたものだ。だから壊さなければならないというのです。

共産主義は、もともと労働者によって国家を倒すためにつくられた理論です。それを家族制度に応用したわけです。私たちは、このような考え方を「文化共産主義」と呼んでいます。

難しいのは、彼らが「家族制度を破壊しよう」とは直接言わないことです。表向きは「女性の権利を守れ」「子供の権利を守れ」と言います。だから対応が難しいのです。うかつに否定すると、「人権をないがしろにする人だ」と誤解され、批判されてしまいます。

ここが彼らの巧みなところです。個人の権利を主張するようでいて、実際は家族制度を破壊しようとしている。この部分を見極められないと、日本はダメになってしまいます。

後で詳しく説明しますが、今の日本の少子高齢化問題を根本的に解決するには、日本が「家庭の価値」を取り戻さなければなりません。つまり日本は、文化共産主義の問題を克服しなければならないのです。しかし今のところ、日本は反対の方向に行きつつあります。

以上、日本を取り巻く内外の脅威の根幹には共産主義思想があるということを簡単に説明しました。日本が平和を維持し、幸せな社会を築いていくには、必ず共産主義問題を克服しなければなりません。共産主義は、決して過去の問題ではないのです。

〔第一章のポイント〕

- 日本は今、内外の危機に直面している。
- その危機の本質は共産主義思想である。
- 日本は共産主義思想の脅威を正しく認識し、克服できなければ、平和と安全、繁栄を享受し続けることができない。
- 「家庭の価値」を破壊する文化共産主義。

第二章　マルクスの動機

マルクスとエンゲルス

この章では、共産主義思想を体系化したカール・マルクス（一八一八―一八八三）について説明します。

マルクスの紹介から始めるのは、少し遠回りな感じがするかもしれません。しかしマルクスの生涯を知ることは、彼が作った理論を理解するうえで非常に重要です。なぜなら思想とは、ただの記号ではないからです。思想には人々の心に訴えかける力があります。ただの論理ではありません。思想には何らかの思いが込められています。そして共産主義には、特にこのことが当てはまります。

結論から言うと、共産主義思想に込められた思いとは〝怨《うら》み〟です。マルクスは不遇な境遇で育ち、多くの人々を怨みました。やがて社会全体を怨み、さらには神様をも怨むようになりました。この〝怨み〟こそが共産主義思想の背後にある力です。

さて、共産主義思想はマルクスが一人で書いたのではありません。マルクスはまず、自分の考えを膨大なメモとして残しました。そしてそれをまとめながら論文として発表していきました。ところが彼は、それを最後まで完成させることなく他界しました。貧困と病気の苦痛の中で、六十四歳で亡くなりました。その後、彼のメモをもとに論文を完成させたのは、彼の盟友のフリードリヒ・エンゲルス（一八二〇―一八九五）でした。共産主義思想は、マルクスとエンゲルスによって体系立てられたのです。ですから日本では、共産主義の思想を「マルクス＝エンゲルス全集」（全五十三巻、大月書店）として販売しているものもあります。

マルクスは、年をとり、貧困の中で、そして病気の中でも共産主義を執筆しました。命を落とすまで書き続けたのです。恐るべき執念です。そのエネルギーの源は、彼の強烈な〝怨み〟でした。実在する人物を怨んだとしても、その復讐《ふくしゅう》のために人生を費やす人はあまりいないと思います。マルクスはそれほどまでに、神と社会を怨んでいたということです。では、マルクスはどのようにして、それほどまでの怨みを持つようになったのでしょうか。

共産主義社会とは「生産手段を共有する社会」

さて、ここで共産主義がどのような社会を目指しているのかを簡単に説明しておきましょう。それが分からないと、マルクスの思いが理解しづらいからです。

実は、共産主義のアイデアは、マルクスが初めて思いついたものではありません。古くは古代ギリシャの哲学者であるプラトン（BC四二七―BC三四七）の著作、『国家』の中にその原型というべきものが登場します。

マルクス（1818-1883）

また、マルクスが生まれた当時のヨーロッパでは、多くの人が共産主義について議論していました。それでマルクスが考えた共産主義のことを、他の共産主義と区別して、特に「マルクス主義」と呼んだりします。

共産主義の「共」は「共有」の「共」です。「産」は「生産手段」の「産」です。ですから共産主義とは何かを一言で説明すると、「生産手段を共有する社会」となります。ちなみに生産手段とは、経済学上の言葉で、生産に必要なすべてのものを指します。例えば会社や工場、機械や道具、あるいは原材料などです。

資本主義社会では、資本家がモノを売って利益を得ます。モノが売れなければ損をします。儲《もう》かるかどうかは、その資本家次第です。

このように、資本主義社会では手元にあるお金（＝資本）をどう使うかはその人の自由です。派手に使ってもよいし、貯金をしてもよい。資本金を元手に、さらに借金をして大きな事業を始めてもよい。この制度のことを私有財産制と言います。

そして資本主義社会では、当然に貧富の差が現れます。資本がある人は、さらにそれを増やすチャンスがありますが、資本がない人が増やすのは容易ではありません。最近では、貧困家庭の子供がさらに貧困になりやすいという「貧困の連鎖」が問題になっています。資本主義社会では、貧富の差は必然的に生じてしまうものです。

特にマルクスの時代のヨーロッパは貧富の差がかなり激しいものでした。当時は社会全体が、農業から工業へと移り変わっていった時代です。田舎の農民が都市へやってきて、工場の労働者として働きました。その労働環境は極めて劣悪でした。暗く、汚く、危険な工場で、女性も子供も長時間働きました。そしてわずかな賃金しか受け取ることができませんでした。現在の日本では、労働者の立場がある程度保護されていますが、当時はそんな仕組みはなかったのです。むしろ当時の権力者たちは、こぞって大金持ちと手を組みました。ですから労働者たちの境遇は、今からは想像できないほど悲惨なものでした。

そんな中で注目されるようになったのが共産主義です。共産主義社会では、生産手段（＝

会社や工場）は資本家のものではありません。みんなのものです（共有）。つまり労働者たちのものです。ですから会社や工場に資本家はいません。全員が労働者です。そして労働者が働いて得た利益はすべて労働者たちに還元されます。みんなで働き、みんなが平等に利益を得る。簡単に言うと、これが共産主義社会です。

「機会の平等」と「結果の平等」

ここで一つ、説明しておかなければならないことがあります。日本では〝平等〟という言葉を使うとき、大抵は「機会の平等」と「結果の平等」とを混ぜてしまっているということです。実は、この二つは全く異なる概念です。

例えば、国会議員の男女の比率を一対一に近づけるべきだという議論があります。これは「機会の平等」と「結果の平等」のどちらの話でしょうか。ちなみに日本の国会議員に占める女性の割合は、現在は一〇パーセント程度です。十人の国会議員がいれば九人が男性だということです。

私たちが選挙で投票をするときに、「男女を区別して投票する」という制度はありません。「必ず男の人、女の人、一人ずつ選ばないといけない」というようなことはありません。立候補でも同じです。男女の区別なく選挙を行ってみたら、結果として女性が一〇パーセント程度だったということです。

このように、機会を平等に与えることを「機会の平等」と言います。結果として男女の数が異なっても構いません。

これに対して、結果を同じにすることを「結果の平等」と言います。上の例で言えば、「国会議員の人数は男女とも一〇〇人ずつにする」などと決めれば、そうなります。

日本は基本的に「機会の平等」を採用しています。そして共産主義では「結果の平等」を追求します。ですからすべての人が同じ時間だけ労働し、同じ賃金を受け取るべきだと主張します。彼らの考え方によれば、資本家は不当に多額の報酬を受け取っています。しかも労働者が汗水流して働いているのに、彼らは指示をするだけです。だから「不平等だ。これはおかしい！」ということになるわけです。

この不満こそが、共産主義思想の核心部分です。ですから共産主義は、貧富の差の激しい発展途上国で広がりやすい傾向があります。労働者の待遇が改善されると、資本家と戦うよりも協調したほうがよいと考えるようになるからです。

マルクスの目的

ここまでが一般的な共産主義の考え方ですが、マルクスが体系化した共産主義、すなわちマルクス主義は、ここからさらに発展します。どう発展したのかというと、「共産主義の実現のためには暴力革命が必要である」と訴えました。

既に説明したように、マルクスは神と社会を深く怨んでいました。そして当時のキリスト教社会を破壊したいと考えていました。しかしマルクスにはその力がありません。そこでマルクスは労働者に目を付けました。そして労働者たちに次のように訴えたのです。

「君たちの立場はあまりにも理不尽である。理論的にそう証明できる。だからこの社会は破壊しなければならない。それが正義である。そしてその使命は君たち労働者にある。他ならない君たちこそ、新しい世界の主役なのだ。だから君たちは立ち上がらなければならない」

そのように説得して、彼らを暴徒化させるのがマルクスの目的でした。

ですからマルクス主義には、「理想的な社会をいかに実現するか」という建設的な理論は、ほぼありません。理想的な社会を目指したいのであれば最も重要な部分だと思いますが、そこがすっかり欠けています。「なぜ暴力が許されるのか」「なぜ暴力が必要なのか」という理屈ばかりなのです。

日本でも共産主義の人々が、何でも反対ばかりして代案を示さない、ということがあると思います。これは共産主義が、もともとそのような理論だからです。

マルクスとエンゲルスが共産主義について初めて書いたのは、「共産党宣言」という論文でした。ユネスコの世界記憶遺産にも登録されている非常に有名なものですが、その中に次のようなくだりがあります。

「共産主義者は、これまでいっさいの社会秩序を強力的に転覆することによってのみ自己の目的が達成されることを公然と宣言する。支配階級よ、共産主義革命のまえにおののくがいい。……彼ら（＝労働者）が獲得するものは世界である。万国の労働者よ、団結せよ！」

このくだりを見れば、マルクスが理想的な社会を目指して共産主義を書いたとは、とても思えないでしょう。やはり彼の真の目的は、神と社会に対する復讐だったのです。

孤独な幼少期

それでは、マルクスの生涯について見てみましょう。

マルクスは、今のドイツに当たるプロイセン王国のトリール市で生まれました。一八一八年ですので、日本でいえば、江戸時代末期の頃です。

両親は共にユダヤ教徒で、ラビ（宗教的指導者）の家系でもありました。日本ではユダヤ教に馴染《なじ》みが薄いのですが、日本的に両親共に神社を守る神主の家系と言い換えればイメージしやすいでしょうか。

ヨーロッパでは、長い間ユダヤ教は大変な迫害を受けていました。「ユダヤ教徒である」というだけで財産を没収され、国外に追放される、処刑されるということも珍しくありませんでした。そしてその目的が、単にユダヤ教徒の財産を奪うためであることも少なくありませんでした。そんなことが許されるほどに、ユダヤ教徒は厳しく迫害されていたのです。

なぜ迫害されたのかというと、ヨーロッパ全体がキリスト教社会だったからです。キリスト教では、ユダヤ人はイエス・キリストを殺した民族です。だからユダヤ人は、人類史上これ以上ない罪を犯した人々だと考えられたわけです。

ただ、マルクスが生まれた時代は、フランス革命（一七八九年）で人権宣言が発表された後だったので、迫害はそこまで深刻ではありませんでした。「すべての市民は法の下に平等である」（人権宣言第六条）との価値観が、国境を越えてヨーロッパに広がっていたからです。もっともその価値観は、絶対的なものではありませんでした。

当時のプロイセン王国では、ユダヤ教徒に対して、キリスト教に改宗しなければ、公職から追放するという命令が下されていました。マルクスの父は弁護士で、トリール市の法律顧問官をしていました。ユダヤ教徒であり続ければ、この職を失ってしまいます。家族はずいぶんと深刻に悩んだでしょう。生活のためにユダヤ教を捨てるのか、それとも信仰を守るのか。両親共に代々のラビの家系だったのですから、大変な苦悩だったはずです。

結局、マルクスの家族は改宗することに決めました。しかし彼の母はずいぶんと反対したようです。彼女は夫の死後、すぐにユダヤ教に戻っているのです。夫が生きている間は激しい口論になるなど、かなりもめたのではないでしょうか。

マルクスは、ユダヤ人から裏切り者扱いされるようになりました。「お前たちの家族はユダヤ教を捨てて、キリスト教になった」というわけです。そしてキリスト教徒からは、相変わらずユダヤ人として軽蔑されました。ユダヤ人は改宗してもユダヤ人だからです。

こうしてマルクスは、ユダヤ人からもキリスト教徒からも軽蔑されました。そして家に帰ると両親がいつも喧嘩《けんか》しています。幼いマルクスを心から受け入れてくれる存在はどこにもありませんでした。こうして彼の心には、強烈な孤独感、不信感、反抗心が植え付けられていったのです。

「私は真の凶暴に占有された」

それでもマルクスは、深い信仰を持ち続けていました。十七歳のときには、高校の卒業文集に次のように書いています。

「もしキリストへの信仰がなく、キリストの言葉に従わなければ、人類は道徳を持つこともできず、真理への追求もできないだろう」

「イエスだけが我々を救うことができる」

彼の卒業文集は一種の信仰告白でした。自身の中に深い葛藤を抱えながらも、なんとか信仰を保っていたのです。

しかし、そんなマルクスに大きな転機が訪れました。それはマルクスがボン大学からベルリン大学に転校し、下宿生活を始めてからのことでした。彼は父への反発も手伝って、サタン教のグループに入会しました。

サタン教とは文字どおり、サタンを崇拝する宗教です。サタンに魂を売る代わりに、あらゆる野望をかなえてもらうというものです。マルクスはそこに入会しました。儀式にも参加し、様々な宗教的体験をしたようです。彼が書いた劇曲「オーラネム」には、その体験の様子が書かれてあります。

地獄の気が舞い上がって、やがて私の脳を充満した
私は気が狂い、心が完全に変わった
この剣を見たか？
闇の大王がそれを私に売った
私のために、彼は拍子を取り、合図をする

私の死の舞もますます大胆になる

「この剣」というのは、サタンとの契約を証《あか》すために買うものです。マルクスはこの契約書に自ら署名し、儀式に参加し、そして「心が完全に変わった」というわけです。マルクスの父は彼と頻繁に手紙のやり取りをしていました。そして彼のこのような行動を知って、とても心配しました。そして彼に宛てて、次のような手紙を送りました。

「君にはいつか有名になって、有益な人生を送ることを望んでいた。しかし私の望みはそれだけではない。これらの望みが実現されても、私を幸せにすることができない。あなたの心が純朴で、人間の心として鼓動し、悪魔に転化されないことしか、私を幸せにできない」

マルクスは、次のように返信します。

「私は脱皮した。聖なる主が私の体を離れ、新たな主が宿った。私は真の凶暴に占有された。

私はこの凶暴な魂を鎮めることができない」

彼は、信仰を完全に捨ててしまいました。また彼は、四歳年上のイェニーという女性との婚約をめぐり、父と激しく対立しました。こうして彼は、それまでの信仰や家族を捨て、新しい人生を歩み始めることになったのです。

神に反発し、復讐を誓う

マルクスは十九歳のとき、「絶望者の祈り」という詩を書きました。これを読むと、彼の核心的な部分が見えてきます。少し長いですが、全文を紹介しましょう。

「神が俺に、運命の呪いと軛《くびき》だけを残して
何から何まで取り上げて、
神の世界はみんな、みんな、なくなっても、
まだ一つだけ残っている、それは復讐だ！

俺は自分自身に向かって堂々と復讐したい。
高いところに君臨してゐ《(い)》るあの者に復讐したい、
俺の力が、弱さのつぎはぎ細工であるにしろ、
俺の善そのものが報いられないにしろ、それが何だ！

一つの国を俺は樹《た》てたいんだ、
その頂きは冷たくて巨大だ
その砦《とりで》は超人的なもの凄さだ、
その指揮官は陰鬱《いんうつ》な苦悩だ！

健やかな目で下を見下ろす人間は
死人のように蒼《あお》ざめて黙って後ずさりをするがいい、
盲目な死の息につかまれて
墓は自分の幸福を、自分で埋葬するがいい。

高い、氷の家から
至高者の電光がつんざき出て
俺の壁や部屋を砕いても
懲りずに、頑張って又立て直すんだ」
（改造社版『マルクス・エンゲルス全集』第二十六巻）

マルクスはかつて詩人を目指していました。ですから内容がストレートに伝わらないよう、わざと情緒的な表現を使うことがよくありました。これを日本語に訳すとさらに解読が難しくなります。この詩もそうした面があると思いますが、あえて私なりに最初の段落を解釈すると、次のようになると思います。

神が俺に与えた人生は、呪われた運命でしかなかった
楽しいこと、うれしいことは何もなかった
温かい家族、心の通じ合う友人、そして恋人

すべてが取り上げられた
俺は神が許せない
神の世界はみんな、みんな、なくしてやる
みんな、みんな、破壊してやる
しかしその願いが実現しても、俺はまだ満足しない
ある思いが絶対に消えずに残る
それは神への復讐だ！
神への復讐を果たすまで、俺は絶対に諦めない
俺は自分自身に向かって誓う
堂々と神に復讐する

こうしてマルクスは、自らの人生を神の復讐にかけると決心しました。共産主義は神の存在を否定する思想ですが、彼は決して「神は存在しない」とは思っていなかったのです。むしろ生涯をかけて復讐したいと思うほどに、神をリアルに信じていました。そして彼の思想が広がったことで、世界では神を否定する人が増えました。日本でもそうです。なん

とも皮肉な話です。

〔第二章のポイント〕

●マルクスは不遇な人生の中で、神と社会を強烈に怨むようになった。
●マルクスが怨みを動機として書いたのが共産主義である。
●マルクスの目的は、暴力革命の正当化にあった。
●共産主義は神を否定する思想だが、マルクスは神を信じていた。

第三章　人間疎外論の誤り

マルクス主義の核心は哲学理論

日本は今や世界有数の経済大国です。これから資本主義を捨て、共産主義に移行することはまずないでしょう。また国際社会でも、最大の共産主義国家である中国が自由主義経済を取り入れています。もはや共産主義を警戒する必要はないのではないかとも思えます。しかし、この認識は誤りです。なぜなら共産主義の本質は、実は経済理論ではないからです。このことは、第二章の共産主義の説明と矛盾するようにも思えます。共産主義とは、「生産手段を共有する社会」であると言いました。ですから共産主義は経済理論のはずです。共産主義の本質は経済理論でないというのは、いかにもおかしな話です。

実はここには、共産主義とマルクス主義の違いがあります。共産主義はもともと経済理論です。しかし、共産主義の一つであるマルクス主義は、単なる経済理論ではありません。政治理論、経済理論、科学理論、歴史理論、そして哲学理論を含んでいます。そしてその核心にあるのは哲学理論です。共産主義が「神なき宗教である」という理由がここにあります。

中国は共産主義の経済理論をいったん捨てました。しかし哲学理論は捨てていません。

むしろ強化しています。

日本国内でも学生運動が姿を消し、本気で日本の共産化を望む人はほぼいなくなりました。しかし共産主義の哲学は、日本でもより深く浸透しつつあります。この点が問題なのです。この共産主義の哲学理論のうち、さらに核心部分にあるのが人間疎外論です。ですから人間疎外論は、共産主義思想の核心中の核心といえます。勝共理論の説明が人間疎外論から始まるのはこのためです。

人間の本質が失われている

ところで「疎外」という言葉は、少し分かりづらい言葉ではないかと思います。普段の日常会話で使う言葉ではありません。「あの人は疎外されている」と言えば、「のけ者にされている」という意味です。哲学でこの言葉が使われると、「人間の本質を失っている」という意味になります。

さて、人間とサルはとても似ていますが、違いもたくさんあるでしょう。その中で、「この点がサルと人間を区別する本質的な違いである」という部分はどこにあるのでしょうか。

ここで、人間と他の動物との違いであって、かつ最も本質的な部分のことを「人間の本質」と言います。

人間のことをホモ・サピエンスと言います。ホモは「人」、サピエンスは「知恵のある」という意味で、「賢い人」という意味です。スウェーデンのリンネという哲学者が名付けたもので、「人間の本質は知性である」という意味が込められています。「人間の本質は創造性である」と言った哲学者もいました。ドイツのフォイエルバッハは、「人間の本質は理性、意思、心情である」と言いました。では、「人間の本質」とは、いったい何なのでしょうか。

疎外論では、この「人間の本質」をまず定義しています。そして、「資本主義社会は人間の本質が奪われている社会である」と断言します。これが「人間疎外」の意味です。

「少し問題があるから修正しないといけない」という程度の問題ではない。資本主義社会は、人間が人間らしく生きることが奪われている社会である。根本的に間違っている。だから倒さなければならない、というわけです。

では、なぜ資本主義社会が「人間の本質」を奪っていると言えるのか。ここが人間疎外論の最大のポイントです。

四つの疎外

マルクスは、人間の本質は労働であると言いました（その理由は第四章で詳しく説明します）。人間が人間らしく生きるとは、「自由に喜んで労働する」ということになります。そしてマルクスは、経済学を研究した結果、「資本主義社会は労働者が自由に喜んで労働することを奪う社会である」ことを発見したと言います。「疎外の構造」を自分が初めて発見したと豪語しました。大まかな内容は以下のとおりです。

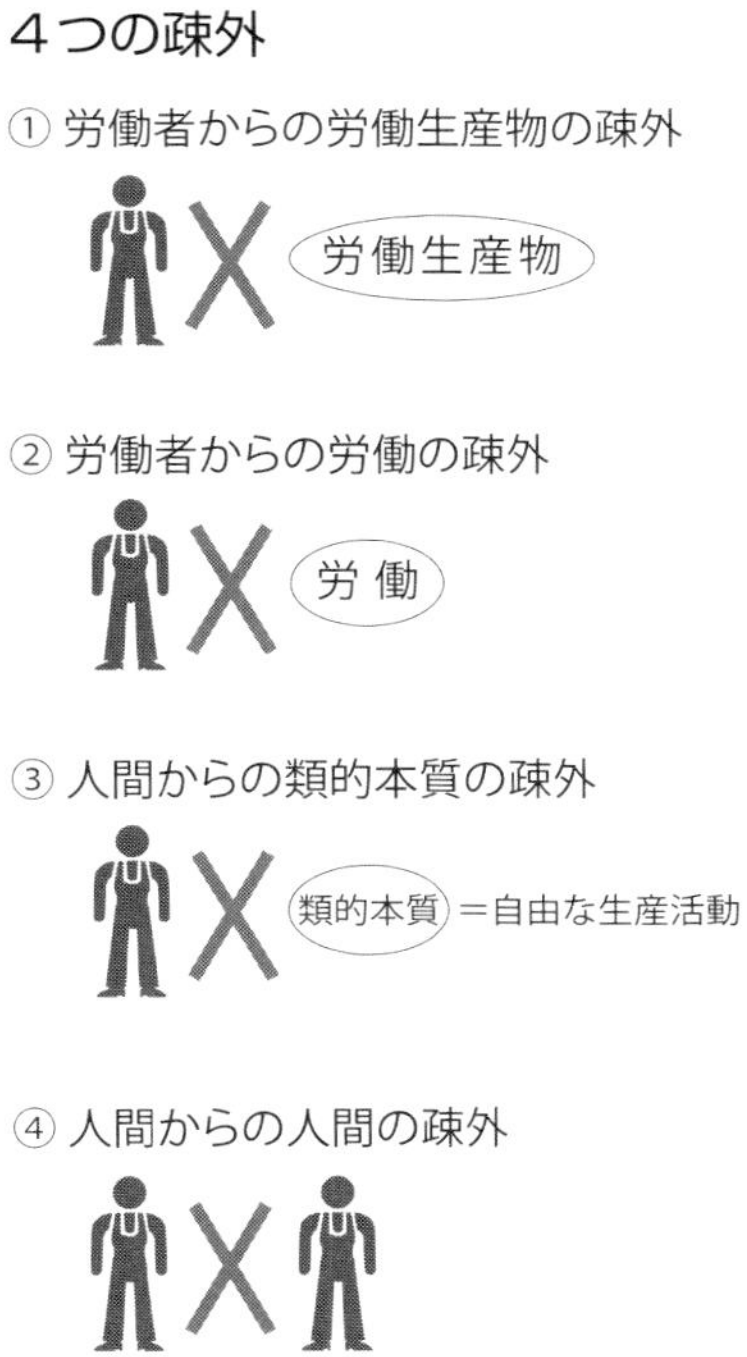

資本主義社会では、「労働者は一個の商品」にすぎない。そして資本主義社会は、労働者を搾取することによって成り立つ社会である。だから労働者が熱心に働くほど、資本主義社会が強化される。そして労働者が貧しくなる。これが資本主義社会

の本質である。

ここから以下の四つの疎外が導かれます。

第一は、「労働者からの労働生産物の疎外」です。本来、労働生産物は労働者のものである。ところが、資本主義社会では、労働生産物がすべて資本家に奪われてしまう。そして新たな資本となり、さらに労働者を支配する。これが二つ目以降の疎外の原因となります。

第二は、「労働者からの労働の疎外」です。本来、労働は人間の自発的行為であり、喜びとなるべきである。ところが、資本主義社会では、労働は資本家によって強制される。したがって喜びがなく、苦痛となっているというのです。

第三は、「人間からの類的本質の疎外」です。上述の疎外によって、人間は人類の本質を失っているということです。二つ目の疎外を哲学的に解釈しました。

第四は、「人間からの人間の疎外」です。資本主義社会では、労働者は生産物をより高く売ろうとする。しかし消費者はより安く買おうとする。そこに対立関係が生まれる。そのため労働者は、消費者が生産物によって喜ぶ姿を見ることができない。だから労働の喜びを感じることができないというものです。

またマルクスは、「労働者だけでなく、資本家も人間の本質を失っている」と主張しました。

資本家は、多くの財産を得て快適な生活を送っているように見える。しかし、それは外見にすぎない。彼らも真の人間性を取り戻すためには、労働者にならなければならないというわけです。

社会悪の根本は資本

以上がマルクスが指摘した資本主義社会の問題点です。では、これらの究極的な原因は何でしょうか。マルクスは「資本である」と言いました。ここがマルクスの実に巧みなところです。

マルクスは社会を憎みました。特に金持ちや権力者たちを敵視しました。しかし、マルクスは「彼らこそが社会悪である」とは言いませんでした。社会悪の根本は資本にある、資本を存在たらしめる私有財産制にあると言いました。私有財産制とは、今の日本のように、個人の財産所有を保障する制度です。こう言うことによって疎外論は、マルクスの単なる怨《うら》みの理論ではなく、いかにも哲学らしい、経済学らしい理論に見えるわけです。

マルクスは資本を吸血鬼になぞらえました。繰り返しますが、資本とはお金のことです。

ですから資本はただの物質にすぎません。しかしマルクスは、あたかも吸血鬼が人の生き血を吸って生きながらえるように、資本が労働者の生き血を吸い取りながら成長する生き物のように表現しました。そしてこの資本が「原罪」であるとも言いました。

そうすると、「人間の本質」を取り戻すには、資本をなくさなければならないということになります。だから資本主義社会は必ず倒さなければならないという結論になるわけです。

疎外の本質は精神的な問題

では、実際はどうだったのでしょうか。一九一七年にロシア革命が起きて以後、共産主義は世界の三分の一を占領しました。しかし、その地域で、疎外がなくなったことは一度もありませんでした。資本家に代わって共産党の幹部が新たな特権階級となったのです。貧富の差はさらに拡大し、人々は自由を奪われ、共産党を批判すれば過酷な弾圧を受けました。共産主義の登場によって、人間の本質はより一層疎外されたのです。

この事実を見ても、やはり人間疎外論は間違いです。これを理論的に明確に指摘しておかなければなりません。さらに代案を示さなければなりません。勝共理論では、人間疎外論の批判と代案を三点示しています。

第一に、マルクスは「人間の本質」を誤って捉えました。「人間の本質」は労働ではありません。ですから疎外の本質は、「労働生産物を奪われたこと」でも「労働の自由」が奪われたことでもありません。この点が間違っていたのです。例えば、近代のヨーロッパでは、市民が自由の実現や政治参加を求めて、各地で革命を起こしました。アメリカでは独立戦争が起きました。その過程で多くの人が命を落としましたが、彼らは自由を獲得するために命懸けで戦ったのです。彼らは「人間の本質」を懸けて戦いました。自由が奪われて生きていても仕方がない。人間が人間らしく生きるために、「人間の本質」を取り戻すために、彼らは命を懸けて戦ったのです。

もちろん「労働の自由」も、彼らが勝ち取った権利の一つではあります。しかしそれは「人間の本質」そのものではありません。自由には精神的な自由と物質的な自由（経済的自由）がありますが、精神的な自由がより主体です。人間には心と体があります。心の自由、体の自由、それぞれ重要ですが、より主体となるのは心の自由です。ですから「資本」という物質を削除し、「結果の平等」を強制的に実現しても、人間疎外の本質を解決することはできなかったのです。

では、疎外の本質とは何でしょうか。それは人間が自由意志に従って生きられないこと、さらに踏み込んで言えば、人間が本心に従って生きられないことです。これが疎外論の第一の誤りに対する代案です。

第二に、マルクスは資本の捉え方を間違えました。

マルクスは資本を吸血鬼に例えたように、まるで生き物のように捉えました。しかし資本は物質です。資本が根本的な悪の原因ではありません。

資本とは本来、人間が主管すべきものです。ですから問題は、資本をいかに扱うかという人間の側にあります。すなわち人間の精神性が根本的な問題となるのです。これが第二の誤りに対する代案です。

資本主義社会は、貧富の差を容認します。マルクスはこれを問題視しましたが、その理由は疎外の要因を物質的側面からしか捉えられなかったからです。資本主義社会が貧富の差を容認するのは、「結果の平等」ではなく、「機会の平等」を保障するためです。

人間には自由意志があります。そして自由意志に基づき、自己の責任を果たして目的を達成するという責任分担があります。これは「人間の本質」の一つです。

努力せずに自己や社会を完成させることはできません。人間は歴史的に、自らの意志によって自己を高め、社会を変革してきました。この点が人間が他の動物と決定的に異なる点です。この責任分担の機会を保障することこそが資本主義の本質です。「結果の平等」を追求すれば人間の責任分担が奪われることになるのです。

そして第三に、マルクスは労働者を偶像化しました。マルクスは人々を資本家のグループ（資本家階級）と労働者のグループ（労働者階級）の二つに分けました。そして資本家階級は、資本を持つがゆえに悪であるとしました。マルクスの表現を借りれば、「最も恥知らずで、汚らしくて、卑しくて、憎らしい」存在です。一方の労働者階級は、資本を持たないがゆえに善の存在となります。神聖化されてしまうのです。ですからマルクスは、絶対善である労働者が革命を起こし、彼らが権力を握れば正しい社会が築かれるはずだと結論付けました。また、労働者階級の独裁は正義であると断定しました。

そんなことはないでしょう。資本家であれ労働者であれ、同じ人間です。誰もが良心を持ち、そして邪心を持ちます。この点に違いはありません。たとえ労働者であっても、ひとたび独裁者になれば過ちを犯すのは当然です。

中国の憲法には、「（中国は）人民民主独裁の社会主義国家である」（第一条）とあります。

北朝鮮の憲法には、「人民民主主義独裁を強化し」（第十二条）とあります。いずれも労働者階級による独裁を憲法で肯定しています。共産主義を憲法の条文にするとこうなるのです。中国や北朝鮮で多くの国民が虐殺され、今も激しい人権弾圧が起きていますが、その根本にはこうした思想があるのです。

日本でも、マスコミが労働者の要求は何でも正義であるかのように報道することがあります。あるいは反政府的な主張は何でも正しいかのように報道することがあります。もちろん労働者や政府と対立する人の立場は弱くなりやすいので、その点を十分に理解しておく必要があります。しかし、労働者や反政府の人々の主張は何でも正しいというのはおかしな話です。彼らの存在そのものが正義なのでは決してありません。憲法や法律に照らし、彼らの権利が不当に侵害されていれば、その主張に関しては正義です。それ以上でも、それ以下でもありません。

こうした状況をみると、日本にも共産主義的な思想が入り込んでしまっていると強く感じさせられます。

〔第三章のポイント〕

●共産主義の本質は経済理論ではなく、哲学理論である。

●その哲学理論の核心にあるのが人間疎外論である。

●人間疎外論は、「資本主義社会は人間らしさを奪う社会である」と断定する。

●人間疎外の本質は物質的な疎外ではなく、精神的な疎外にある。

●マルクスは労働者を偶像化し、労働者による独裁を正当化した。しかし、これは決定的な誤りだった。

第四章　共産主義唯物論の誤り

攻撃的なマルクスの唯物論

共産主義の哲学理論の中で、最も重要と言えるのが共産主義唯物論です。世の中には神や霊魂などの存在を信じる人と信じない人がいます。これらを信じる人の立場を有神論、信じない人の立場を無神論と言います。これから唯物論について説明しますが、まずは唯物論は無神論とだいたい同じ意味だと思ってください。

マルクスが書いた唯物論は、一般的な唯物論とはかなり違います。「神や霊魂は存在しない」と言うだけでなく、さらに一歩進んで、「神や霊魂の存在を信じることは人間にとって害悪だ。だからやめさせなければならない」と言っているのです。ですからマルクスの唯物論は、より強烈で、攻撃的です。これを他の唯物論と区別して、「共産主義唯物論」と言います。「戦闘的唯物論」と言うこともあります。

日本に無神論の人はどれくらいいると思いますか。日本はキリスト教やイスラーム（イスラム教）の国ではありません。葬儀は仏教形式が多いですが、かといってその人たちがみな、仏教を深く信じているわけではありません。その意味では神の存在を信じている人は、あまり多くないのかもしれません。

そういう日本人の感性と、共産主義唯物論の立場はかなり違います。例えば日本では、お正月にはたくさんの人が神社にお参りに行きます。お彼岸にはご先祖様のためにお墓参りをします。受験シーズンになると、学問の神様が祀《まつ》られる神社で多くの受験生が合格を祈願します。

日本では、特定の宗教を信じていなくても、神様や仏様、あるいはご先祖様といった存在を、なんとなく信じている人がたくさんいます。また、そういう行事に参加しないと罰《ばち》が当たる、縁起が悪いと思う人もいます。何らかの目に見えない力を信じているわけです。

共産主義唯物論では、こうした考えは一切排除されます。なぜなら、この世界には物質しか存在しないからです。神や霊魂は存在しない。縁起がいいも悪いもない。だから初詣でもお墓参りもしてはならないというわけです。

共産主義唯物論は人間の心も否定します。心とは、脳という発達した物質の産物であり機能であるといいます。産物と機能というと、何か哲学的な感じがしますが、実はここにもごまかしの理論があります。人間の心は脳の電気信号のようなものでしかないというのです。人を思いやる気持ちとか、家族を大切にする気持ちもそうだ。脳を刺激すれば自動的に発生する信号のようなものであって、そんなものを尊重する必要はない。神を信じる気持ちもそうだ。だから宗教なんて詐欺だ。信じる人がいたらやめさせないといけない、というのです。ちなみにマルクスは、「宗教はアヘンである」と言いました。

こんな考えが徹底されたら、信教の自由はなく、社会はめちゃくちゃになってしまうでしょう。人を信じられなくなり、家族も信じられなくなり、最後は自分自身まで信じられなくなるのではないでしょうか。

そして何より、人間もただの物質だというわけですから、突き詰めれば、その辺に転がっている石ころと同じ価値だということになります。これでは、人が死んでも石ころが割れたのと同じだということになってしまいます。

共産主義によって、世界中でたくさんの人が殺されました。中国や北朝鮮では今でもたくさんの人が弾圧を受けています。これは、徹底した唯物論が広がった結果です。もし中国が覇権を拡大すれば、さらに多くの犠牲が生じるでしょう。それほど、共産主義唯物論は恐ろしい思想なのです。

なぜ唯物論を書いたのか

では、マルクスはなぜ徹底した唯物論を書いたのでしょうか。その理由はとてもシンプルです。それは、マルクスが思い描いた革命に人々を参加させるためでした。マルクスが生きた当時のヨーロッパはキリスト教の社会でした。キリスト教では、殺人は重大な罪です。たとえ逮捕されずにうまく逃げられたとしても、死後に重い裁きを受けます。それがキリスト教の価値観です。これでは暴力革命はできません。

それでマルクスは、「神はいない」という理論をつくり上げました。神がいなければ、殺されるべき人を殺しても罪ではない。そもそも人間は物質である。その辺の石ころと同じである。そうやって、良心の呵責《かしゃく》を感じないような理論にしたのです。

マルクスが訴えたのは革命です。国を倒し、新しい国をつくることです。その国とは労働者の国です。労働者のための革命なら、どんなことをしても正義と見なされるのです。

このように、マルクスが無神論を訴えたのは、人々を良心の呵責から解き放ち、堂々と暴力革命をさせるためでした。

さらに、唯物論が正しければ、精神革命では社会を変えることはできないという理屈にもなります。社会のあり方が人間の心によって変えられるのであれば、暴力革命は必要ありません。社会の変革は伝統や文化を人々に根付かせ、そこから生じる隣人愛によって実現できることになるからです。しかし、社会が物質のみで成り立っているのであれば、物質的な変化でしか変えられません。こうして、暴力革命絶対論が導き出されるわけです。

そしてもう一つ、忘れてはいけない理由があります。それは、第二章で説明したように、マルクスが神を怨《うら》んでいたからです。マルクスは神に復讐《ふくしゅう》したいと考えましたが、その手段として、人々が神を憎むようになる理論はつくりませんでした。「愛の反対は憎しみではなく、無関心である」という言葉がありますが、彼は人々が「神はいない」と考える理論をつくったのです。

十九世紀から二十世紀にかけて変化した科学的物質観

では、共産主義唯物論の具体的な内容を見ていきます。

まず唯物論とは、「宇宙の根本は物質である」という見方・考え方です。宇宙には様々な存在があるが、突き詰めていくと、結局は物質的存在になるということです。それに対して、「宇宙の根本は精神である」と捉えるのが唯心論です。

そしてマルクスは、この唯物論を人々に信じさせるために共産主義唯物論を書きました。その内容は、大きく分けて次の三つに集約されます。

①宇宙の根本は物質である。
②サルが労働によって人間となった（動物的人間観）。
③唯物論は革命に奉仕しなければならない。

このうちの①と②が唯物論を科学的に立証したといわれる部分です。この二つを順番に見ていくことにしましょう。

まず①の「宇宙の根本は物質である」です。

マルクスが生まれた当時、ヨーロッパの科学で主流となっていたのがニュートン力学でした。ニュートン（一六四二―一七二七）は、「物質は均質な究極粒子から成る」と考えました。

この物質観は、ドルトン（一七六六―一八四四）の原子説、アボガドロ（一七七六―一八五六）の分子説に発展しました。そして物質の構造が徐々に明らかにされていきました。また、メンデレーエフ（一八三四―一九〇七）によって元素の周期律が発見され、原子の持つ規則性が示されるようになりました。

中学や高校の化学の時間に元素の周期表を覚えたことがあるでしょう。水素から始まり、ヘリウム、リチウム……と元素が並ぶ表です。当時の科学では、元素とは、それ以上分割することができない「物質の最小単位」であると考えられました。

そしてマルクスは、このような物質観を使って唯物論を正当化しました。「この世界はすべて元素から成り立っている。元素は物質である。その性質も明らかになっている。だから宇宙の根本は物質である。神や霊魂といった曖昧な存在は元素の周期表には登場しない。非科学的であり、実在しない」というわけです。

科学が得意な方なら、この理論の間違いにすぐに気づくでしょう。そもそも神や霊魂が存在すると仮定すれば、元素の周期表で示される物質の一部として存在するのではありません。例えば、人間に心があるとしても、心に重さはありません。体重計でも量れません。また、心には色も形もありません。つまり心が存在するとしても、科学的にその性質を測定できないのです。科学とは別の次元で存在すると仮定しているからです。

それと同じ理屈で、神や霊魂の存在と、元素の周期表の発見は別の次元の話です。元素の性質が明らかになったから神や霊魂は科学的に存在しない、とはならないのです。

ただ、共産主義者らは、マルクスの理論によって「共産主義唯物論は科学的にも立証されたのだ」と信じるようになりました。

ところが二十世紀に入ると、この物質観が大きく揺らぎ始めます。アインシュタイン（一八七九―一九五五）らの研究によって、光（電磁波）や粒子は、共に粒子性と波動性を併せ持ち、質量とエネルギーは相互に変換しうるという式（E＝mc^2：cは真空中の光速度）が提示されたのです。

これは、「物質は均質な究極粒子から成る」という物質観が崩壊したことを意味します。これでマルクスの共産主義唯物論は根底から覆されてしまいました。

そしてこのことは、共産主義唯物論者たちに強い危機感を与えました。特に、共産主義によって誕生した独裁者にとっては極めて深刻な問題でした。独裁の正当性が失われてしまうからです。共産主義を根拠に粛清を行い、権力を維持してきた独裁者にとって、これ以上の恐怖はありませんでした。

レーニンが用いた詭弁《きべん》と、それに対する批判

その独裁者の一人がレーニン（一八七〇―一九二四）でした。彼はソ連の初代指導者であり、一〇〇〇万人以上を粛清したといわれます。彼は、共産主義唯物論が科学的に否定されつつある状況に対して、次のように語りました。

「物質とは、我々の感覚から独立して存在しながら、我々の感覚によって模写され、撮影され、反映される客観的実在を言い表すための哲学的カテゴリーである」（『唯物論と経験批判論』）

「物質の唯一の『性質』は、客観的実在であるという性質、すなわち我々の意識の外に存在するという性質である」（同書）

要するに、「物質とは、我々の意識の外にあり、認識できる存在である」というのです。これはどういうことでしょうか。

例えば、Aさんがある被災地に行ってボランティア活動をしたとします。それをBさんが認識しました。この場合、Aさんの活動はBさんにとって物質であるということになり

ます。また、Cさんが恋人にプロポーズをしたとします。それをDさんが認識すれば、同じように、プロポーズという行為はDさんにとって物質となります。果たしてこれは理屈として成り立っているのでしょうか。

では、一般的な「物質の定義」はどのようなものなのでしょうか。角川書店の「国語辞典」を見ると、物質とは、「空間の一部を占め、一定の質量をもつもの」と説明されています。これならすっきりと納得できます。

実は、先ほどのレーニンの説明には科学性が一切ありません。何しろ科学で扱うはずの物質の定義を「人間の感覚で認識できる存在すべて」と言っているのです。こんなあいまいなものを科学で扱うことはできません。

レーニン（1870-1924）

結局、レーニンは、「宇宙の根本は物質である」ということを科学的に証明できなくなってしまったので、「認識できるものはすべて物質である。それゆえ、宇宙には物質しか存在しない」と言って話をすり替えたのです。これは明らかに詭弁です。

レーニンは、物質がいかなるものか、存在論的には一切説明しませんでした。「物質はこのように認識できる」と認識論的に述べただけです。また、「物質は人間の意識から独立した客観的存在」であるとしましたが、それが観念ではなく物質であるという論証も一切しませんでした。結局、レーニンが言ったことは、物質でないものまでも物質であるとして不当に拡大解釈しただけのことです。理論は完全に破綻しています。すべてはつじつまを合わせるためでしかなかったのです。

では、宇宙の根本とは何でしょうか。唯物論が間違っているのなら、唯心論が正しいのでしょうか。唯心論の立場を取れば、物質とは何なのでしょうか。どちらの立場を取っても、結局は現実と矛盾することになりそうです。

宇宙の根本は、精神的存在と物質的存在のそれぞれの根本が、統一的に存在していると考えるべきです。どちらかではありません。双方が共に存在するのです。双方が無秩序に混在しているのではなく、また化合されて双方の性質が消えてしまっているのでもありません。精神的存在が主体であり、物質的存在が対象であるという秩序は保ったうえで調和的に統一されているのです。この考え方を、唯心論や唯物論に対して「唯一論」と言います。

唯心論の立場では物質の存在を説明できません。そして、「ただ神を信ぜよ」というような観念論では人々は幸福になれません。宇宙には物質もあるからです。また、体制を物質的に変革するだけでは喜びに満ちた社会は築かれません。人間の幸福には精神的側面がより重要であるからです。

このように、精神的側面と物質的側面を同時に解決してこそ、真の幸福が築かれるのです。これが「唯一論」であり、勝共理論の立場です。

ダーウィンの進化論を革命理論に取り込む

次に②の動物的人間観、「サルが労働によって人間となった」という理論です。

この理論は、エンゲルスが一八七六年に執筆した、「猿が人間になるについての労働の役割」という論文にまとめられています。この論文は、ダーウィン（一八〇九―一八八二）が『種の起源』で進化論を発表してから十七年後に書かれました。

当時のヨーロッパでは、ほとんどの人が「人間は神によって創造された」と信じていました。これに対してダーウィンは、「あらゆる生物は神が創造したのではない。人間を含め、弱肉強食や生存競争の中で進化してきたのだ」と主張しました。つまりダーウィンの進化論は、「神による創造論」への反発として、生物学において唯物論を主張した理論だったのです。

この主張は、近年の研究によって科学的に誤りであると認められるようになりましたが、エンゲルスにとっては好都合でした。進化論を取り入れることで、共産主義唯物論をさらに補強できると考えたからです。

では、エンゲルスの論文の中身を見ていきましょう。

「数十万年前に、地質学者が第三紀と呼んでいる地質時代の中の、まだはっきり確定できない時期に、恐らくはその終わり頃に、熱帯のどこかに、たぶん今は、インド洋の底に沈んでしまっている大陸の上に、特別高度に進化した類人猿の一種が住んでいた。ダーウィンが我々のために、我々のこの祖先についておおよそのところを記述してくれている。彼らは全身毛で覆われ、ひげをはやし、とがった耳を持ち、樹上に群棲《ぐんせい》していた」

これが論文の冒頭部分です。学術論文としては何ともお粗末な文章です。人間に進化したという「特別なサル」がいた時期は「まだはっきり確定できない」。場所は、「熱帯のどこか」だが、「たぶん今は、インド洋の底に沈んでしまっている大陸の上」です。これでは立証も反論もできません。とても科学的な文章とは言えません。ただの空想にすぎません。

エンゲルスは、二十カ国語を話したと言われるほどの天才でした。ですから恐らくは、批判を巧みにかわす方法を十分に承知のうえでこの論文を書いたのでしょう。科学的なように見えて、実は科学性はどこにもない、そんな文章です。全体を通してこのような記述が続くのですが、論文の要旨をまとめると次のようになります。

①ある地域に特別に進化したサルが樹上で生活していた。
②サルは何らかの理由で、樹から下りて生活しなければならなくなった。
③直立二足歩行を始め、手が自由に使えるようになった。
④自由になった手で狩猟のための武器を作った（最古の労働）。
⑤労働によって筋肉やじん帯、骨、脳が発達した。
⑥労働する中で、協力（協働）の重要性が認識された。
⑦協働のため、「話し合いたい」という欲求が生じた。

エンゲルス（1820-1895）

⑧その欲求から咽頭が発達し、言語が生まれた。
⑨手、言語、脳の発達により人間は高度に発達した。
⑩各段階で獲得した能力は遺伝した。
⑪やがて芸術や科学、法や政治が現れた。
⑫ついに空想的映像である宗教が生まれた。

そして、エンゲルスは次のように結論づけます。

「サルの群れから人間社会を区別する特徴的な違いとして見いだされるものは何であろうか？　それは、労働である」

労働者の神聖化と、共産党による一党独裁体制

エンゲルスは、サルと人間との違いは労働だったと言いました。労働しなかったサルはサルのままであり、労働をしたサルが人間になった。だから「人間を人間たらしめるのは労働だ」というわけです。共産主義者が「労働しない者は人間ではない」と言うのはこの

ためです。日本共産党をはじめ共産主義者らが「労働者」をキーワードにするのも同じ理由です。

いずれにせよ、この理論によって、労働者＝善、労働者から搾取する資本家＝悪という価値観が導かれます。そして共産主義革命ではこの理論が最大限に利用されます。労働者のための国こそが、人間が理想とする国である。そのための革命は絶対正義である。反対する者は労働者の敵である。いや、人類の敵である。この理論により多くの人たちが、共産主義革命によって犠牲になったのです。

また、共産主義国家が誕生してもこの理論は活用されます。労働者を代表するのが共産党ですから、共産党に反対する者は、やはり人類の敵になるのです。

こうして共産主義国家では、資本家（金持ち、地主、経営者など）や共産党に反対する人々（政治犯）が、大量に強制収容所に送られました。名目は「労働改造」です。

中国で、「労働改造条例」という法律が一九五四年に施行されました（二〇〇一年に廃止）。その第一条には、次のように書かれていました。

「すべての反革命犯（政治犯）とその他の刑事犯を懲罰するため、並びに犯人が労働を通じて自身を改造し、新しい人に生まれ変わるのを強制するために、本条例を制定する」

サルが労働によって人間になったのですから、共産党に反対する政治犯も、労働をすればば共産党に賛成する〝まともな人間〟に生まれ変われるというのです。中国や北朝鮮には今も、このような強制収容所が存在します。その実態はあまりにも悲惨です。

労働は価値実現の手段の一つ

では、本当に人間はサルが労働することによって誕生したのでしょうか。科学的にそう説明できるのでしょうか。

この点についてエンゲルスは、サルが労働によって筋肉、じん帯、骨の発達を獲得し、さらにそれが遺伝した結果、人間は複雑な動作を可能とするようになったと述べています。そして最終的には、「ラファエロの絵画やトルヴァルセンの彫像、パガニーニの音楽を生み出すことができるほどの高い完成度に達した」と言っています。

しかし、この説は科学的には誤りです。例えば、フランスの博物学者であるラマルク（一七四四―一八二九）は、エンゲルスと同じように獲得形質の遺伝があると主張しました。有名な例え話としてキリンの話があります。キリンも昔は首が短かった。そして低い枝の葉を食べ尽くすと、高い枝の葉を食べようとして、いつも首を伸ばしていた。そのために次第に首が長くなり、大人になるまでには首が長く、強くなるものが現れた。そのようなキリンが子供を産めば、生まれた子供にはその形質がわずかに伝わる。親が生まれたときよりも、その子供の首は少しだけ長くなっている。キリンはそのような生活を何千年にもわたってアフリカのサバンナで繰り返し、長い年月の間に首が伸びた。

この説の反論としては、ドイツの動物学者ワイスマン（一八三四―一九一四）の話が有名です。彼はネズミの尾を切り取り、それを育てて子を産ませ、その子ネズミもしっぽを切り、それを二十二世代にわたって繰り返しました。しかしネズミの尾の長さに変化はありませんでした。結局、遺伝子の存在と役割が明らかになることで、はっきり否定されるようになりました。

また、言語を使用するには大脳皮質（新皮質）の発達した人間の脳が必要であることが明らかになっています。しかしエンゲルスは、サルが言語を使うことで脳が発達したと言いました。これも科学的にはあり得ません。自転車のペダルをいくらこぎ続けても、オートバイにならないのと同じ理屈です。

このように、サルが労働によって人間になったという科学的根拠は存在しません。ましてや労働という行為によってサルが人間の遺伝子を獲得することなどあり得ないことです。ラファエロの絵画は、腕の筋肉や指先の発達だけで描けるものではありません。人間の持つ真美善を追求する崇高な芸術性によって生み出されたのです。

また、労働は人間の重要な営みではありますが、人間の本質ではありません。人間は労働によって衣食住の生活用品をつくって暮らしています。労働するのは、愛と真美善の価値を実現するためなのです。労働は価値実現の〝手段〟にすぎないのです。

〔第四章のポイント〕

●共産主義唯物論は、共産主義の哲学理論の中で最も重要な部分である。

●他の一般的な唯物論と異なり、精神的存在を信じることを徹底して排除するという特徴がある。

●マルクスは共産主義唯物論を正当化するためにニュートン力学を利用したが、その後の科学の発達によって理論上破綻した。

●エンゲルスはサルが労働によって人間になったと論じたが、非科学的な理論であり、間違っている。

第五章　唯物弁証法の誤り

弁証法―真理を探究する方法

唯物弁証法とは、弁証法を唯物論の立場で構築した理論のことです。では弁証法とは何でしょうか。端的に言えば、「弁（議論）」によって「証（真理）」に近づく方法のことを言います。

弁証法の歴史は古く、古代ギリシャのソクラテスやアリストテレスにまで遡ります。当時の弁証法は「問答法」とも言われ、他人と議論をする際の技術を意味していました。

この問答法は、ディベートとは異なります。ディベートは、AとBのどちらが正しいかを二手に分かれて論じ合い、最終的に第三者などが判断を下すものです。「言葉の決闘」とも呼ばれ、互いに「自説がいかに正しいか」「相手がいかに間違っているか」を主張します。ですから、心を開いて謙虚に真理を求める姿勢にはなりません。あくまでも目的は「論争で相手に勝つ」ことです。

これに対して問答法では、偏見なく開かれた心で対話します。自説と異なる意見に対しても反論しません。相手の話をよく聞いて、矛盾点や疑問点があれば、互いに指摘して検証します。そして互いに質問し、答えを探りながら真理に近づこうとします。目的は「論争に勝つ」ことではなく「真理に至る」ことです。この到達すべき真理のことを、プラトンは「イデア」と言いました。イデアには「時空を超えた真理」というような意味があります。英語の「アイデア」の語源でもあります。

ですから弁証法は、単なる話術ではありません。処世術でもありません。あくまでも、真理に到達するための方法のことを指します。

そしてこの弁証法が、後の多くの哲学者によって研究されるようになりました。これを大成したのがドイツの哲学者のヘーゲル（一七七〇―一八三一）でした。ヘーゲルの弁証法は世界中に影響を与え、ヘーゲル学派というグループを生むに至りました。

ヘーゲルの弁証法

では、ヘーゲルの弁証法とは、どのようなものなのでしょうか。

まずヘーゲルは、ある命題（テーゼ）が存在すると、必ずそれと矛盾する、あるいはそれを否定する反対の命題（アンチテーゼ）が存在すると言いました。

例えば、「日本人は優しい」という命題があれば、それを否定する「日本人は優しくない」という命題が生まれます。両者は対立していますが、優劣はありません。そして対立することで互いに結びついています（相互媒介）。ここで、初めの命題を「正」、否定の命題を「反」と言います。

そして、この二つの命題は、「日本人には優しい人もいれば、優しくない人もいる」という、統合された総合命題（ジンテーゼ）として「止揚」されます。この総合命題を「合」と言います。

止揚とは、二つの異なるものが、単に相手を否定するのではなく、両者を保持しながらより高い段階で統合されることを言います。

ヘーゲルは、発展にはこのように「正・反・合」の三段階の過程があると言いました。世界や物事のあらゆるものが、この三段階の過程を通して変化し、発展する。その本質を理解するための方法が弁証法である、というわけです。

そしてヘーゲルは、「人間の本質は精神である」として、「理想的な社会とは、精神の自由が完全に獲得されて絶対精神となる社会である」と言いました。それは、「自分勝手な自由」が実現された社会ではありません。「本心の自由」が実現した社会と考えてよいでしょう。人々は完全に自由でありながら、かつ互いに衝突することなく、むしろ高い次元で統合されている。そんな理想社会に至る方法が、弁証法によって見いだせるというわけです。

例えば、ヘーゲルは国家の発展について以下のように論じました。

まず、人倫の基本として「家族」というテーゼがあります。人間にとって家族は必要です。家族は愛情によって互いに結びついていますが、家族内では個々人の自由が束縛されることになります。

そこで人々は、自由を求めるようになりました。それが、家族のアンチテーゼとしての「市民社会」です。家族の一員としての自分であることを否定し、市民社会の一員としての自由な自分を考えるわけです。ちなみにヘーゲルは、市民社会を「個々人の欲望が衝突する社会」、すなわち「自己の目的のために他人を利用する社会」であると言いました。

ヘーゲル（1770-1831）

ところが人間は、愛情を否定すれば喪失感を抱くようになります。そして「幸福とは何か」という疑念を持つようになります。愛情とは何か、自由とは何か、幸福には何が必要なのか、そうしたことを考えるようになるわけです。

そして人々は、家族と市民社会、あるいは愛情と自由とを互いに否定せず、より高い次元で統合する「（理想的な）国家」を追求するようになりました。国家は、個人の利益と全体の利益とを一致させるという役割を果たします。国家の中で、愛情と自由、家族と市民社会が止揚されるというわけです。このヘーゲルの考えは、「近代国家とはどうあるべきか」と模索する人々に極めて大きな影響を与えました。

弁証法を革命理論に仕立てる

このヘーゲルの弁証法を、唯物論の立場で利用したのがマルクスです。マルクスはヘーゲルの弁証法を継承しながらも、次のように批判しました。

「私の弁証法的方法は、根本的にヘーゲルのものとは違っているだけではなく、それとは正反対なものである。……観念論的なものは、物質的なものが人間の頭の中で転換され翻訳されたものにほかならないのである。……弁証法はヘーゲルにあっては頭で立っている。神秘的な外皮の中に合理的な核心を発見するためには、それをひっくり返さなければ

ならないのである」(『資本論』第二版後記)

「頭で立っている」というのは、いかにもマルクスらしい皮肉な表現です。マルクスは、「絶対精神」を目的とするヘーゲルの弁証法は心情的に受け入れられなかったのでしょう。そして多くの人に評価されていることが気に入らなかったのでしょう。その思いから、「頭で立っている」という揶揄《やゆ》的な表現になったのだと思います。

では、マルクスがまとめた唯物弁証法とはどのようなものだったのでしょうか。実際に私たちが触れる唯物弁証法は、マルクスの理論を基にして、エンゲルスが三つの法則に体系化したものである場合がほとんどです。さらにスターリン(一八七八―一九五三)が、その要点を四つにまとめました。以下の四つの法則です。

①相互関連性と変化
②量的変化の質的変化への転化の法則
③矛盾の法則(対立物の統一と闘争の法則)
④否定の否定の法則

この四つを具体的に見ていきましょう。

相互関連性と変化

まず、一つ目の「相互関連性と変化」です。

この理論は、哲学理論の一つである「形而上学《けいじじょう》」を批判したものです。従来の哲学理論を批判することで、唯物弁証法の優位性を際立たせようとしたのです。

形而上学とは、見たり確かめたりできない事柄を探求する哲学の分野です。例えば、「なぜ私は存在するのか」「宇宙に潜む普遍的な原理とは何か」といった具合です。「私が存在する理由」も「宇宙の原理」も目に見えません。これをどう探求するかが問題となります。

形而上学では、私や宇宙について考えるとき、いったん他の存在と切り離して、独立して固定されたものと考えます。例えば、「私」は家族の一員であり、ある人の夫であり、ある人の父親であるとします。しかし、そうした「相互関連性」はいったんすべて排除します。また、「私」は明日には外国に行くかもしれません。事故で死んでしまうかもしれません。そうした「変化」も排除します。

そうすると、「私」は独立し、固定した存在になります。こうして「私」の存在目的や存在意義などを追求していくわけです。

この形而上学を、エンゲルスは次のように批判しました。

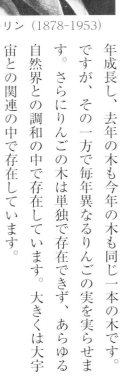

「(形而上学が事物の本質を誤って捉えるのは、) この考え方（形而上学）が個々の事物にとらわれてそれらの連関を忘れ、それらの存在にとらわれて、それらの生成と消滅とを忘れ、それらの静止にとらわれてそれらの運動を忘れるからであり、木ばかり見て森を見ないからである」（『反デューリング論』）

スターリン（1878-1953）

例えば、一本のりんごの木をイメージしてみてください。りんごの木は同じ木として毎年成長し、去年の木も今年の木も同じ一本の木です。ですが、その一方で毎年異なるりんごの実を実らせます。さらにりんごの木は単独で存在できず、あらゆる自然界との調和の中で存在しています。大きくは大宇宙との関連の中で存在しています。

同じように人間について考えると、人間を他の存在と切り離して、独立の固定した存在として捉えることはできません。例えば、その人間を構成する細胞は絶えず生まれ変わっています。二年もすればすべての細胞が入れ替わると言われます。ですから一人の同じ人間であるように見えて、人間は絶えず変化し続けています。また、他の存在と切り離して人間が存在できるはずがありません。

これと同様に、宇宙のあらゆる存在は他の存在との関わりの中で存在し、常に変化し続けています。これをエンゲルスは「相互関連性と変化」と言いました。

そしてこの理論を基に、彼らは暴力革命を正当化しました。例えば、スターリンは次のように述べています。

「世界が不断の運動と発展のうちにあるならば、もし、古い現象の死滅と新しい現象の成長が発展の法則であるならば、もはや『不動』の社会秩序、私的所有や搾取という『永遠の原理』、農民の地主への、労働者の資本家への隷属という『永遠の理念』がもはやないことは、明白である。つまり、かつて資本主義制度が封建制度に取って代わったように、資本主義制度を、社会主義制度で取り替えることができるのである」（『弁証法的唯物論と史的唯物論』他）

また、スターリンは相互関連性をことさらに強調し、「革命のために団結せよ」と訴えました。一人の労働者では力を持たないが、相互に関連性を持つことで変化をもたらすことができるというわけです。

こうして彼らは、事物を「相互関連性と変化」で捉える考え方がマルクス主義であり、事物を固定的に捉えるのが形而上学である、と思想を二分しました。そして形而上学の立場では現在の資本主義体制を変えることができず、相互関連性と変化の立場からは革命が必然的に導き出されると訴えたのです。

では、この理論のどこが間違っているのでしょうか。

もともと形而上学とは、存在するものの最高原理を思弁的に捉えようとする哲学の特殊な分野を意味しています。ですから存在を独立し、固定したものと捉えるのは自然なことです。しかしマルクス主義者らは、自分たちの考え方以外はすべて形而上学であると決め付け、現実に即していないと批判しました。これは形而上学に対する誤解と偏見です。

確かに、相互関連性が間違っているわけではありません。地球上の生物、そして宇宙の星団など、あらゆる宇宙の事物で孤立して存在しているものはどれ一つとしてありません。また事物が絶えず変化し続けるのも当然です。この自然に永遠不変な存在はありません。

どんなに硬いダイヤモンドであっても、八〇〇度程度の熱で燃えてしまいます。その意味では、相互関連性と変化は妥当な理論であるとも言えます。

しかし、なぜ相互関連性があるのか、また相互関連性があるなら全体と個体をどう捉え、個体のあり方をどう考えるのかについて、唯物弁証法は全く言及していません。人間が他の存在との関わりの中で存在するのは分かりました。では、その関わりの中で、人間はどのような意義を持つ存在なのでしょうか。他の存在との違いは何なのでしょうか。その点について、唯物弁証法は一切説明していません。

変化についても同じです。確かに事物は絶えず変化しています。しかし、変化だけがすべてではありません。例えば、りんごの木には毎年新しいりんごの実が成ります。しかし、りんごの木そのものは同じ木です。長期的にはそのりんごの木も枯れてしまいますが、だからといって、「革命で倒してもよい」という暴力革命理論と結びつけるのはあまりに乱暴です。

りんごの木が枯れるのは、その生を終えたからです。決して暴力によって無理やり枯らせられるのではありません。自然界は変化するのだから社会も変えるべきだ、関連性を持つから労働者は団結すべきだ、と訴えるのは筋違いです。

二重目的

では、勝共理論による代案を示します。

まず、相互関連性についてです。

すべての存在は、自己（個体）のための目的と、より全体のための目的を持っています。これを二重目的と言います。

例えば、人体には胃や腸などの器官があります。それらの器官の存在目的は人体の生存という、より全体的な目的を果たすところにあります。そして、全体のためならば胃や腸が犠牲になってもよい、ということは決してありません。どれか一つでも器官が損傷すれば、人体は死んでしまいます。つまり、全体目的のためにも個体目的は必要なのです。そして個体目的は全体目的から離れることはありません。

人間も同じです。人間は家族や地域社会、あるいは国家などを形成します。個人の目的は、家族や地域社会などをより良いものにするためにあると言えます。しかし、全体主義になってはいけません。個人が犠牲になれば、それは決してより良い社会にはならないからです。この二重目的こそが、相互関連性の代案です。

次に、変化の代案です。すべての事物には自己同一性（不変）と発展性（変化）が不可分に統一されています。この点、形而上学は自己同一性のみを扱い、唯物弁証法は発展性のみを扱いました。いずれも一面的であったと言えます。

実際は、すべての事物は自己同一性を保ちながらも変化、発展しています。りんごの木が生長（変化）しながらも、りんごの木であるという点で不変であるということです。

量的変化の質的変化への転化の法則

次に、量的変化の質的変化への転化の法則です。この理論について、エンゲルスは水を用いて説明しました。

「水は標準気圧のもとで、（温度を下げていけば）セ氏〇度で液体状態から固体状態に移行し、（温度を上げていけば）セ氏一〇〇度で液体状態から気体状態に移行する。したがって、これら二つの転換点では、温度の単なる量的変化が、水の質的に変化した状態を引き起こすのである」（『反デューリング論』）

すなわち、温度の下降、あるいは上昇という漸次的な変化（徐々に起こる変化）が、ある瞬間に水の性質に急速な変化をもたらすというのです。

マルクスはこうした現象について、「これは自然界における普遍的な法則であり、人間社会においても当てはまる」と言いました。そして、人々の中に社会体制に対する不満が蓄積（量的変化）すれば、社会はある時点で劇的に変化（質的変化）すると説明しました。これこそ資本主義社会から社会主義社会へと移行する変化であり、ゆえに社会主義革命は科学的に起きなければならないと訴えたのです。

この法則について、科学的・原理的に批判してみましょう。少し専門的な言葉も登場しますが、少しの間お付き合いください。

実際は、液体の水が氷になったり水蒸気になったりしても、H_2Oという水分子の構造は一切変化していません。水から熱を取り去ったり加えたりすることで、水分子の持つ運動エネルギーが増減し、水分子同士を結び付ける分子間力のバランスが変化しただけです。これを科学では「状態変化」と言います。質的変化ではありません。

仮に百歩譲って、これを質的変化だと認めたとしても、この変化は一瞬では起こりません。例えば、水は常温でも、周囲の気圧が飽和蒸気圧になるまで少しずつ蒸発します。濡《ぬ》れた洗濯物を干せば乾くという現象もこの原理で起こります。決して洗濯物に含まれる水分が沸騰しているのではありません。水はセ氏一〇〇度にならなくても蒸発するのです。

また、セ氏一〇〇度になっても、すべての水がいっぺんに蒸発するのではありません。水は気化熱を加えた分だけ蒸発するからです。お湯を沸かすときに、やかんの水がすぐになくならないのはこのためです。このように、「量的変化の質的変化への転化の法則」は、自然科学に反しているのです。

質と量は同時的に変化

では、勝共理論（統一思想）による代案を示します。まず、勝共理論では、あらゆる存在は性相と形状から成ると主張します。性相は見えない性質であり、形状は見える外形を指します。唯物弁証法の「量的変化の後に質的変化が起こる」という主張は、形状が変化した後に性相の変化が現れるということになりますが、これは誤りです。

例えば、植物や動物が成長する場合、種子や卵の中には、成長後の花や動物の性質の原型が性相として初めから宿っています。それが質的、量的な変化を通して現実化されるわけです。つまり、質（性相）と量（形状）は目的に向かって同時的に変化し、しかも両者の相互関係においては、質が原因的で、量が結果的なのです。これを「性相と形状の均衡的発展の法則」と呼びます。

矛盾の法則―対立物の統一と闘争

次に、「矛盾の法則（対立物の統一と闘争の法則）」です。これは、共産主義の攻撃性・侵略性の最大の根拠となっている理論でもあります。簡単に言うと、自然界では常に対立物が現れる。そして、その対立物との闘争によってあらゆる事物は発展するという理論です。エンゲルスは、この理論を正当化するためにいくつかの例を挙げました。代表的なものは以下の四つです。

①磁石のN極とS極
②蠕虫《ぜんちゅう》の口と肛門《こうもん》

③物体の運動（静止と運動）
④生物の生と死

エンゲルスは、磁石と蠕虫について次のよう述べています。

「両極性。磁石を切断すると、中性だった中間部にも極が生じ、しかも元の極はそのままである。

これに反して蠕虫を切断すると、正極のところではものを摂取する口をそのまま持ち続け、他端では負極を形成して排出用の肛門を持つようになる。ところが元の負極（肛門）は正となり、口となって、新しい肛門あるいは負極が傷口のところに形成される。正から負への転化である」（『自然の弁証法』）

棒磁石の両端にはN極とS極があります。エンゲルスは、この二つの極は対立物であると言いました。そしてその棒磁石を二つに折ると、折れ目の部分には新たにN極とS極が生じます。極性のなかった中間部分に対立物が生じた。このように、自然界では常に対立物が生じるようになっているというわけです。

蠕虫というのは、ミミズや寄生虫などの蠕動《ぜんどう》によって動く虫のことです。蠕虫は、体の両端に穴があって、そこが口と肛門になっています。生命力が強く、体が二つに切れても死にません。寄生虫が簡単に死なないのはそのためです。では二つに切れるとどうなるかというと、切れた部分が肛門になり、元々肛門だったところが口になります。

このことについてエンゲルスは、口と肛門は対立物であると言いました。そして体の切れ目に新たな肛門ができることをもって、自然に対立物が生じたと評価しているわけです。

次に、物体の運動についてです。エンゲルスは物体の運動を、次のように定義しました。

「一つの物体が、同一の瞬間に、ある場所にありながら、同時に他の場所にあること、すなわち同一の場所にあるとともに、そこにないということがなければ、行われ得ない。しかも、このような矛盾を不断に定立しながら同時に解決していくことが、正に運動なのである」

これは、古代ギリシャの哲学者であるゼノンが論じたパラドックス「飛矢静止論」を用いた理屈です。ゼノンは次のように説明しました。

「ある瞬間を切り取れば、飛んでいる矢は止まっている。むしろ矢が動いている瞬間はどこにもない。その止まっている矢をどれだけつないでも、矢は動かない。だから飛んでいる矢は止まっているのである」

エンゲルスはこの論理を用いて、「運動している物体は、ある瞬間に、ある場所に存在すると同時に、違う場所にも存在する」と説明しました。つまり運動する物体においては、静止と運動という対立物が同時に存在している。矛盾しているというわけです。その闘争で、静止が勝てば物体は止まり、運動が勝てば動き続けることになります。この理論によって、ゼノンが説明できなかったパラドックスが解決されたというわけです。

「生物の生と死」については、「(生命も) 事物と過程そのものの中に存在するところの、絶えず自己を定立し、かつ解決しつつある矛盾であるわけだ。そしてこの矛盾がやめば、直ちに生命もやみ、死が始まるのである」と述べました。

要するに、生物の中では生と死という対立物が闘争を続けている。そして生が勝っているときは生きており、死が勝てば死ぬというわけです。

でたらめな対立の概念

これらの解説はすべてでたらめです。科学的・原理的に整理してみましょう。

まずは棒磁石です。そもそも磁石のN極とS極は互いに引き合うのであって、対立しているのではありません。反発（対立）するのはN極とN極、S極とS極を向かい合わせたときです。

N極とS極は一つの磁場を形成する相対物です。磁石の周りに鉄粉をまく実験をしたことがないでしょうか。目に見えない磁場を鉄粉で見えるようにした実験です。その際、鉄粉はN極とS極を結ぶような曲線を描いて並びます。その現象は、N極とS極が「磁場を形成する」という共通目的のもとで主体と対象の役割を果たしていることを意味します。

蠕虫の口と肛門についてはどうでしょうか。やはり口と肛門を対立物と表現するのはおかしいでしょう。口は食べる機能、肛門は排泄《はいせつ》の機能を持ち、互いに「蠕虫を生かす」という共通目的を果たしています。そこに対立はありません。

次に物体の運動についてです。数学や物理学では便宜上、実在しないもの（太さのない直線、面積のない点など）を想定することがよくあります。

これと同様に考えて、ゼノンは〝時間のない瞬間〟を想定し、それをつなぎ合わせても矢は動かないと主張しました。これは面積のない点をどれだけ集めても面積はないのと同じ理屈です。現実的には、面積のない点を描くことはできません。どれだけ小さな点を打っても、必ずある面積があります。それと同じで、どれだけ時間を短く切り取っても、「時間のない瞬間」はありません。その短い時間に、矢はほんのわずかですが動いています。〝止まっている〟という前提自体が成立しないのです。エンゲルスは、実在しない現象を持ち出して「矛盾している」と言ったにすぎません。

最後に、生物の個体内で生と死が対立しているという理屈です。実際は、生物は生きているか死んでいるかのどちらかであり、〝生きていたり死んでいたりする〟ことはありません。

これに対してエンゲルスは、次のように弁明しています。

「(生物は)どの瞬間においても、その体内の細胞は死んでいき、新しい細胞がつくられていく。いずれにしても遅かれ早かれ時がたてば、この体内の物質はすっかり新しいものになり、別の物質原子に置き換えられる。したがって、どの生物も常に同一のものでありながら、しかも別のものなのである」

これは屁理屈《へりくつ》です。「細胞の死」は「人間の死」とは関係ありません。むしろ「人間の生」のために古い細胞は死に、新しい細胞と入れ替わっているのです。生存しているあらゆる生物の中で、生と死が対立することなどあり得ません。

以上の理屈は、勝共理論の授受作用の法則によってすべて説明できます。

否定の否定の法則

最後に、「否定の否定の法則」です。
エンゲルスは、大麦とチョウを例として次のように説明しました。

大麦の粒（種子）が地面に落ちて発芽すれば、大麦の成長とともに粒は消滅する。これは粒と大麦との闘争で粒が否定されたことを意味する。さらに大麦が成長すれば、花が開き、受精し、多くの粒が実る。しかし、茎は否定されて死滅する。二つの否定を合わせると「否定の否定」となる。つまり、否定の否定によって、大麦の粒は何十倍にもなる。また、チョウは卵を産むと否定されて死ぬ。さらに、その卵が否定されてチョウが生まれる。このように、「否定の否定の法則」は、自然界を支配する法則なのである。

この法則を人類歴史に当てはめてみよう。かつて人類は国家や階級のない社会（原始共同社会）を営んでいたが、それが否定されて階級社会が生まれた。そして最終的には、国家が否定されることで階級闘争のない社会が生まれる。これが共産主義社会である。

大麦の例は、聖書の有名な例え話を使ったのでしょう。もちろん内容は間違っています。まず、種子は否定されて発芽するのではありません。種子の中には胚芽《はいが》（胚）と胚乳がありますが、それぞれ植物の芽と養分になります。また、種皮（外皮）は、ある一定の期間、胚芽と胚乳を保護する役割を果たします。

つまり、種子を構成する各部分はみな、発芽し、植物として成長するという共通目的のもとに存在し、授受作用を行っているのです。互いに否定するのではありません。

茎の死滅について言えば、確かに大麦のような一年生の植物は、花を咲かせて実を結んだ後に枯れてしまいます。しかしその理由は、茎が実との闘争によって否定されたからではありません。植物を生かすという使命（目的）を終えたからです。

また、りんごのような多年生の樹木は、毎年、新しい果実を実らせても枯れません。これは使命を終えていないからだと言えるでしょう。

チョウの例でも全く同じです。チョウは卵を産み、繁殖という使命（目的）を終えて死にます。決して卵と闘争した結果ではありません。

さらに昆虫以外では、産卵や出産を経ても死なない動物がたくさんいます。特に人間について言えば、出産を終えた母親と生まれたばかりの赤ちゃんが闘争するなどあり得ないでしょう。

実はエンゲルス自身も、この理論の誤りには気づいていたようです。次の文章が、その証拠です。

「他の植物や動物の場合には、この過程がかように簡単に片付かない。それらが死んでしまうまでに一度だけではなく、幾度も種子や卵や仔《こ》を産みだすということは、我々にとってはどうでもよいことである。ここではただ、否定の否定というものが生物界のこの両界において現実に行われていることを指摘しさえすればよいのである」

自分が提示した理論に合わない自然現象があるのに、それは「どうでもよい」と言っています。そんな自分勝手な理屈が通るはずがありません。要するに、エンゲルスは革命に都合の良いところだけをつまみ食いし、「否定の否定の法則」を仕立て上げようとしたにすぎないのです。

また、「否定の否定の法則」が成り立つのであれば、国家が否定されて誕生した共産主義社会は、なぜ否定されないのでしょうか。大麦やチョウは何度も否定されるのに、共産主義社会だけは、なぜ特別に永続性があるのでしょうか。エンゲルスはこの点について何も答えていません。このように、この法則はこじつけでしかないのです。

闘争ではなく授受作用

では、勝共理論による代案です。

発展運動には目的性と時間性、段階性があります。つまり発展運動とは、ある目的を実現する方向に向かって、一定の時間を経過しながら、段階的に前進していくことなのです。その際、あらゆる存在は主体と対象の授受作用による円環運動を行い、存在の永続性を維持しています。

大麦やチョウなどの生物が死滅するのは、決して闘争の結果ではありません。種の保存や増殖、質の多様化のための継代現象として、時間的な円環運動、すなわち螺旋《らせん》形運動を行っているからなのです。

〔第五章のポイント〕

●唯物弁証法とは、弁証法という真理探究の方法論を、唯物論の立場で再構築した理論である。

●唯物弁証法は、暴力革命を正当化するための中心的な哲学理論である。

●唯物弁証法は、以下の四つの法則にまとめられる。

①相互関連性と変化

②量的変化の質的変化への転化の法則

③矛盾の法則（対立物の統一と闘争の法則）

④否定の否定の法則

いずれも自然現象から導き出した科学的な法則であるというが、実際には自然現象を一面的に見た、あるいは事実を捻《ね》じ曲げた恣意《しい》的な理論にすぎない。

第六章　唯物史観の誤り

歴史には法則がある

共産主義が多くの人々に信じられるようになった理由の一つは、唯物史観という歴史理論があったからです。歴史には法則性があるというのです。

一般的には、歴史に法則があるとは誰も思わないでしょう。例えば、日本が鎌倉時代から室町時代になった、あるいは関ヶ原の戦いで徳川家康が勝った、そして江戸時代が始まったなどという歴史が、実は見えない法則に従って流れてきたなどと考える人は、まずいないと思います。人間には自由意志があります。ですから、歴史上の様々な人の自由意志によって出来事が生じ、そして歴史が動いてきたと考えるのが普通です。

実際、共産主義以外で歴史観のある理論は多くありません。哲学者では、ヘーゲルが「観念論的歴史観」という理論を提示しました。歴史学者では、アーノルド・トインビー（一八八九—一九七五）が文明興亡の法則を説きました。他には、キリスト教やイスラーム（イスラム教）が、「終わりの日（終末）には最後の審判が下される」という終末思想を示しているくらいです。

しかし共産主義は、「歴史には法則がある」といいます。しかも、その法則は人間の自由意志によって紡がれるのではなく、物質的な変化によって起きるのだと主張します。これが唯物史観の本質です。

この理論には、世界中の多くの人々が驚きました。そして共鳴しました。

歴史には法則があった。しかも、その法則は、部分的、一時代的な法則ではない。人類歴史を貫く壮大な法則である。その法則が正しいことは、人類歴史を振り返れば明らかである。そしてその法則によれば、人類はいずれ共産主義社会を迎えることになる。それが必然である、というのです。

それで、共産主義を信じた多くの若者たちは、次のように考えました。

自分の人生を自分のためだけに終わらせてはいけない。共産主義社会の実現という人類歴史に関わる壮大な目的のために費やすべきである。そうしてこそ、自分の人生は歴史的な意義を持つのだ。

では、唯物史観とは、どのような理論なのでしょうか。

“桎梏《しっこく》化した生産関係を壊すことで発展する”

要約すると、唯物史観とは、「歴史は闘争によって発展する。その基本的な原動力は、生産性の発展である」という理論です。

ここで重要なのが、上部構造と下部構造という考え方です。これは、「宇宙の本質は物質である」「精神は物質から生まれた」とする唯物論を社会分析に適用した理論です。

まず、社会を生産関係と観念形態の二つに分けます。生産関係とは、主に経済体制のことです。日本の歴史では、社会経済の中心はほぼ稲作でした。その稲作も、原始的な道具を使う時代から、鍬《くわ》や鋤《すき》が発達した時代、新田開発が盛んに行われた時代、そして現代の機械化された時代など、様相がかなり変化してきました。その経済体制のあり方が社会の土台にあるということです。唯物史観では、この生産関係のことを下部構造と言います。土台と言うこともあります。

そして生産関係の上にあるのが観念形態です。政治や法律、哲学、宗教、道徳、美術など、精神的な影響を強く受けるものです。

一般的には、政治はその時々の政治家の価値観や能力によって決定すると考えるでしょう。例えば、豊臣秀吉は、太閤《たいこう》検地と呼ばれる土地の再調査を行いました。全国の土地や測量の基準を統一することで、日本の経済の全国化に大きく貢献しました。また、織田信長と共に楽市楽座という政策を実施しました。減税や規制緩和で経済の活性化を図ろうとしたものです。こうした政治の変化は、政治家の自由意志によって決定されると考えるのが普通です。

しかし、そう考えると、社会の変革は精神革命によって実現されることになってしまいます。それはマルクスの望むところではありません。すなわちマルクスは、社会変革は暴力革命によってしか実現できないことを正当化したかったのです。そしてそのために、「社会のあり方の本質は経済体制（土台）にある。だから社会を変えるには土台から変えなければならない。つまり革命を起こさなければならない」と訴えたのです。

マルクスは、この観念形態のことを上部構造と言いました。そして、経済体制という土台の上に、精神的な観念形態が成立しているにすぎないと言ったのです。共産主義者は歴史や伝統を敵視しますが、それはこうした価値観に基づいています。歴史や伝統は、かつての奴隷制度や封建制度の上に形成された価値観である。それは否定しなければならないと考えるからです。私たちが「家族を大切にしよう」と言うと、彼らが「封建的だ」と批判するのは、こうした理由からです。

この理論を実際の歴史に当てはめたのが唯物史観です。その具体的な流れを簡潔に紹介しましょう。

唯物史観の概要

①原始共産制社会

まず、人類歴史は「原始共産制」という社会形態から始まりました。日本では縄文時代までの時代です。

当時の人々は狩猟や採集などで生活を維持していました。あらゆる道具（生産手段）は共同で所有し、食べ物はわずかで、保存方法もなく、皆で食べ尽くす分しかありません。この時代には、「私有財産」はありませんでした。

私有財産がないので、当然、貧富の差はありません。人々は平等で、争いもありませんでした。支配者もいませんでした。

唯物史観による社会発展

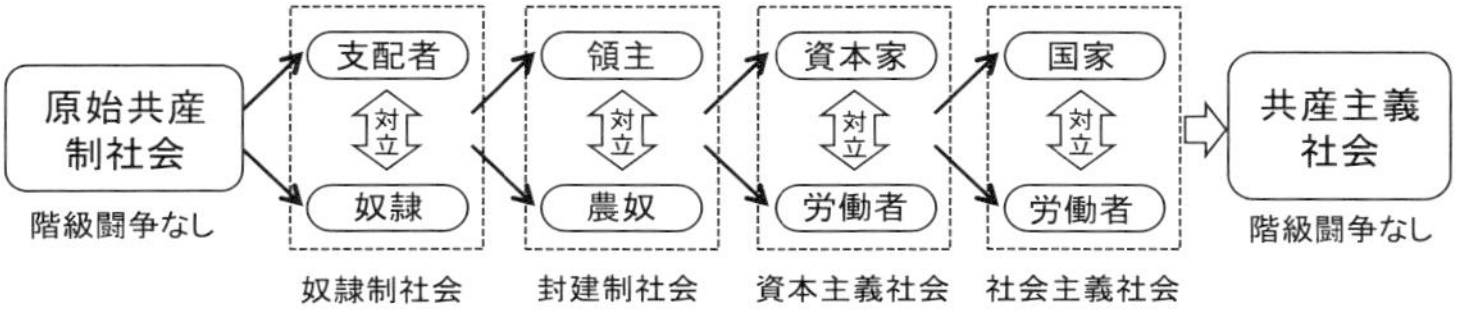

②奴隷制社会

ところが、時代が流れるに従い、生産力が向上し、家族単位での生産が可能になりました。具体的には、鍬や鋤の性能が向上することで、他者の力を借りなくても、家族や一族だけで生活ができるようになったということです。そして生産した穀物は高床式倉庫などに蓄えられるようになりました。こうして財産を蓄え、勢力を拡大していったのが豪族です。日本では、蘇我《そが》氏や物部《もののべ》氏などが歴史の教科書に登場します。

こうして力の差が拡大するにつれて、支配者が生まれ、貧しい者や戦争に負けた者は奴隷となりました。支配者はより勢力を拡大し、奴隷の反乱を抑えるために国家をつくります。そして自らが王になりました。これが「奴隷制社会」です。

王は軍隊を整え、法律を制定して支配を強化しました。さらに人々が自分に刃向かわないようにするために、自らを神として崇拝させるための宗教をつくりました。この宗教を広めるために音楽や美術などの芸術を活用しました。

やがて奴隷制社会は、経済体制の発展と実情が合わなくなってきました。分業が進むなどして生産力が高まる一方で、奴隷のままでは自由な経済活動を行うことができないからです。奴隷は単純労働しかできません。ですが、労働の熟練度が向上することによって生産力が飛躍的に高まるという事態が生じました。こうして、社会の発展にとって奴隷制が障害となってきたのです。

それまでの生産関係が社会発展の妨げになることを「桎梏化」と言います。桎梏化した古い生産関係は必然的に破壊されていきます。あたかも人が成長するに伴って、小さくなった古い衣服を脱ぎ捨て、新しい衣服を着るようにです。同じ理屈で、生産関係が発展することで、歴史の必然として奴隷による革命が起きるというわけです。

③封建制社会

革命によって解放された奴隷は、大土地所有者に農奴として雇い入れられました。ここに土地を持つ領主と、土地を持たない農奴で成り立つ社会が生まれます。これが「封建制社会」です。日本ではだいたい鎌倉時代から江戸時代までを指します。

当時は、財産といえば土地（農地）を指していました。〝加賀百万石〟という言葉を聞いたことがあると思いますが、一石は一人の兵士が一年間に食べる米の量のことを指します。百万石あれば、百万人の兵士を一年間食べさせられます。広い土地を持つ領主ほど力があったのです。

そして封建制社会では、農耕技術の改善、鉄製の農具の普及などによって農業生産力が急速に増大しました。同時に手工業と商業も発展して、都市が興隆しました。

奴隷制社会の時と同様に、生産関係の桎梏化が起き始めました。農奴が労働者として都市に出ていくのを領主が止めたのです。特に産業革命が起きたイギリスでは、都市部に多くの工場ができて、たくさんの農奴が都市に出て行こうと考えました。そのほうが稼ぎがいいのですから当然です。しかし領主がそれを止めたために、農奴は団結して領主に反抗するようになりました。こうして頻発するようになったのが一揆《いっき》です。

やがて農奴は反乱を起こし、封建制社会は崩壊しました。

④資本主義社会

次に、資本主義社会が現れました。農奴は領主から解放されて労働者になりましたが、今度は資本家から搾取されるようになりました。産業革命によって機械と動力が開発され、大規模な機械制工業が生まれましたが、そこで生産手段（工場）を所有できるのは莫大《ばくだい》な資本（元手となるお金）を持つ資本家だけだからです。

当時は、今の「労働基本法」のような労働者を守る制度はありませんでした。それどころか、国王や貴族が資本家と結託したため、労働者の貧しさは大変なものでした。

こうして資本主義社会においても、生産力の発展に伴って生産関係が桎梏化し、ついに労働者による革命が起こります。こうして次に現れるのが社会主義社会です。

⑤社会主義社会

社会主義社会では、労働者が初めて国家を運営する立場に立ちます。資本家がいなくなり、生産手段が共有化されます。土地や財産などが「みんなのもの」になるということです。

こうして共産主義革命が起きたソ連や中国では、自由な経済活動が廃止されました。そして労働者を代表するという共産党が政権に就き、あらゆる産業が国有化されました。産業は基本的に計画経済によって運営されます。これが社会主義国家です。

⑥共産主義社会

世界中で資本主義国家が次々に打倒されると、いよいよ共産主義社会が現れます。もはや支配者たる存在は世界中のどこを探しても見当たりません。国家も消滅します。ですから労働者は完全に自由です。自らの能力を自由に発揮し、義務ではなく喜びによって労働するようになります。そして必要に応じて支給を受けることができます。ですから生活のために嫌々労働することもなくなります。人間は社会の完全な主人公になります。これが歴史の法則であり、目的だというわけです。以上が唯物史観の概要です。

空想や虚構によって構築された歴史理論

以下に批判を述べます。多くの観点があるのですが、ここでは六つ紹介します。

第一に、搾取のない原始共産制社会が存在したという証拠はありません。むしろ、多くの遺跡の発掘調査から、太古より支配者がいたことが分かっています。原始共産制社会というのは、想像上の社会でしかありません。

第二に、奴隷制、封建制、資本主義という三つの社会への移行が見られるのは、西欧に限られます。例えば、アジアの大多数の地域で奴隷制社会は存在しませんでした。日本では、かつて卑弥呼《ひみこ》という女王がいたとされていますが、卑弥呼に会えたのは弟だけだったと言われています。そして卑弥呼は宮殿の奥に引きこもり、熱心にまじないや祈りをしていました。それで支配者とは言えないでしょう。日本にも奴隷制社会の時代はなかったのです。

マルクスは、唯物史観は人類歴史の法則であると豪語しました。しかし法則にしては、該当しない地域が多すぎます。マルクスが知る範囲の歴史を取り出し、無理やり法則性を当てはめたというのが実際のところです。

第三に、資本主義が十分に発達してから社会主義革命が起きたと言っていますが、そんな地域は世界中のどこにもありません。例えば、ロシアや中国で共産主義革命が起きましたが、両国とも当時は、資本主義が成熟した地域ではありませんでした。むしろ農業を中心とする封建制社会だったと言うべきです。つまり両国の革命は、資本主義が発達した結果、必然的に生じたものではなく、封建制社会で無理やり起こしたものだったのです。

もし資本主義が十分に発達した結果、必然的に革命が起きるのだとすれば、経済大国となったアメリカや日本、ドイツなどで革命が起きるはずです。しかし、いずれの国でも起きていません。

第四に、共産主義による「自由の王国」は空想にすぎません。資本家がいなくなり、国家が消滅すれば、なぜ自由になるのでしょうか？　その理由が説明されていません。国家がなくなれば、警察や軍隊がなくなります。争いはむしろ激化するでしょう。

第五に、桎梏化による社会発展という理論は虚構です。例えば、ローマ帝国が滅びた原因は、奴隷の反乱ではありませんでした。ゲルマン民族の侵入やキリスト教の伝播《でんぱ》などが原因でした。日本史においても、関ヶ原の戦いや明治維新など、多くの歴史の転換点となる事件がありますが、奴隷や農民による反乱によって時代が大転換したという事件は一つもありません。

そして第六に、土台と上部構造についてです。唯物史観では、歴史の発展の原動力は生産関係の発展にあったと言います。では、生産関係はなぜ発展したのでしょうか。

彼らは、あらゆる事物の発展は、対立物の闘争によって生じると言います（唯物弁証法）。では、生産関係における対立物の闘争とは何なのでしょうか。労働者と生産用具なのでしょうか。農民と農具なのでしょうか。これらが闘争して生産関係が発展するなどということはあり得ません。結果は破壊のみです。

仮に生産関係の発展が土台にあるとしても、その生産関係の発展は、「より豊かな暮らしをしたい」という人間の欲望が一番の根底にあるはずです。人間の精神性に基づく自由意志が、いつの時代にあっても社会を変革させてきたのです。物質的な変化が精神性の変化をもたらしたのではありません。

以上、唯物史観は間違いだらけです。

円満な授受作用によって発展

最後に代案を示します。

確かに、人類歴史には多くの闘争がありました。自己中心的な欲望を持つ人間が住む社会ですから、当然のことです。しかし、人類歴史は「階級闘争」によって社会が発展してきたのではありません。例えば、近代のヨーロッパでは、人々は不当な支配の中で自由を求めて立ち上がり、そして革命を起こしましたが、その目的は、正しい統治体制や社会秩序を実現するためでした。支配者階級を倒すために、そして資本家のいない社会を実現するために立ち上がったのではありません。人間らしく自由に生きたい、という本心の自由の指向性によって立ち上がったのです。これは、外形的には共産主義革命と似ているかもしれませんが、本質は全く違います。

今も日本社会では、国は悪だ、権力は悪だ、政府は悪だ、と言う人たちがいます。唯物史観の影響を受けているのです。もちろん政府や国家が権力を悪用する可能性はあります。しかし、権力そのものは悪ではありません。彼らはわざと敵をつくって批判します。そして、打倒しようとします。それで歴史が発展すると考えているのでしょう。

しかし、実際はそうではありません。人々が本心の自由の指向性に基づいて、より良い社会を目指してこそ歴史は発展します。そのときに重要になるのが、共通目的に向かう主体と対象の相対関係です。政府と国民、経営者と労働者の間で円満な授受作用を行うことで、社会や経済が発展するのです。対立と闘争からは破壊しか生み出さないのです。

〔第六章のポイント〕

●唯物史観とは、歴史の法則性を唯物論の立場で示した理論である。

●唯物史観を通して、多くの人々が共産主義は正しいと信じるようになった。

●唯物史観の根本には、土台と上部構造という理論がある。

●人類歴史は唯物史観に従い、①原始共産制、②奴隷制社会、③封建制社会、④資本主義社会の順に発展してきた。その後は、⑤社会主義社会、⑥共産主義社会の順に発展するという。

●唯物史観の歴史認識は実際の歴史とは異なる。また、土台と上部構造の理論も誤っている。

●実際の歴史発展は、人々の本心の自由によってなされてきた。

第七章　資本論の誤り

資本主義の打倒が目的

マルクスは資本主義の打倒のために、経済学の研究にその半生を費やしました。そして、「ついに資本主義の根本矛盾を発見した」と公言し、主著『資本論』を刊行しました。そこで述べられた理論は「マルクス経済学」、略して「マル経」とも呼ばれ、現在に至るまで多くの知識人に影響を与えました。

日本では特に、第二次世界大戦後から東西冷戦が終結するまでの間に、多数の「マル経」信奉者が現れました。東京大学の教授らも例外ではなく、「当時の経済学の講義は半分がマル経だった」という逸話もあるほどです。

さて、マルクスはなぜ『資本論』を書いたのでしょうか。それは、資本主義の罪悪性を明示し、「必ず倒さなければならない」と訴えるためでした。

マルクスが『資本論』をまとめたのは、経済学を真摯に研究した結果ではなく、初めから「資本主義を倒す」という結論ありきで書き上げたのです。ですからその内容はでたらめばかりです。

〝費やした労働時間が商品の価値を決定する〟

『資本論』は労働価値説と剰余理論という二つの理論から成り立っています。これを順番に見ていくことにしましょう。まずは労働価値説です。

マルクスは、商品の持つ価値には「使用価値」と「交換価値」の二つがあると言いました。使用価値とは、ある商品によって、人間の精神的・肉体的欲求がどれだけ満たされるかを示す価値のことです。もう一つの交換価値とは、他の商品と交換する際に量的比率で表される価値のことです。交換価値を貨幣で表現すれば「価格」となります。

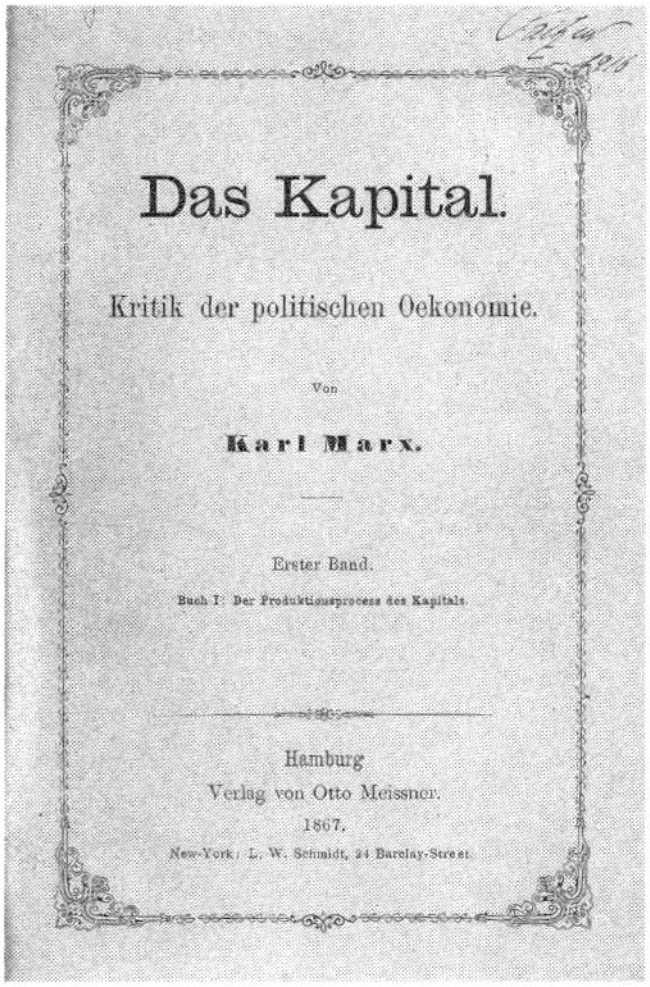

『資本論』

マルクスは、AとBという二つの商品を交換する際に、どんな価値で商品を測るべきかと考えました。そして、「使用価値で測るべきではない」と結論づけました。

例えば、米と靴を交換するとします。この

場合、米の使用価値は食べられるところにあります。靴の使用価値ははけるところにあります。食べられる、はけるというのは、商品のそれぞれの性質です。それでマルクスは、異なる性質なのだから、価値の量を比較することはできないと考えました。すなわち使用価値を基準としては商品を交換することはできないというわけです。

そしてマルクスは、商品を交換する際には、比較できる共通の要素を基準とすべきであると言いました。すなわち、労働者の労働時間こそが、あらゆる商品の共通要素であり、これを基準とすることによってのみ交換価値が決定されるというわけです。

では、労働時間が必要でない商品はどう考えるのでしょうか。例えば、海で捕まえてきた魚を販売する場合、この商品の労働時間はゼロではないでしょうか。この問いに対して、マルクスは漁夫が魚をとって市場に運んでくるまでが労働であると言いました。

また、労働時間のばらつきの問題があります。これはどのように考えたらよいのでしょうか。例えば、一足の靴を作るのに、ある労働者は二時間、ある労働者は四時間かかるとします。この場合の靴の価値はどう決定されるかというと、社会全体の労働者の平均労働時間によって決定されるとしました。式で表すと、次のようになります。

社会的に必要な平均労働時間＝社会の全体労働者の総労働時間÷総生産量

こうしてマルクスは、次のように断言しました。

「価値としては、すべての商品は一定分量の凝固した労働時間にほかならない」

これが労働価値説の結論です。

そして、ここからある結論が導かれます。それは、商品の価値に対して、資本家は何の役割も果たしていないということです。確かに資本家はお金を出して工場を造ったかもしれません。人を雇ったり材料を仕入れたり、営業をしたりしている場合もあるでしょう。しかし労働価値説では、商品の価値は労働者の労働時間だけで決定されます。ですから、それらの行為は何の価値も生み出していないことになります。

ところが、資本主義社会では、労働者が生産した商品（労働生産物）を資本家が独占します。労働者は、資本家から給与を受け取るにすぎません。価値は労働者が労働することによって生みだされているのですから、価値の本質から考えておかしいのではないかというわけです。

こうしてマルクスは、資本主義社会は根本的に間違った社会であると訴えました。すなわち資本主義社会とは、労働者の労働によって生じた価値を資本家が奪い取ることによって成り立つ社会であるというのです。だから、たとえ資本家が労働者の待遇を多少改善したとしても、それは労働者を懐柔しているにすぎず、根本的な解決にはならないというわけです。

労働価値説の批判と代案

では、労働価値説の批判と代案です。

労働価値説によれば、商品の価格は労働時間によって単純に決定されるはずです。しかし実際には、商品の価格は絶えず変動します。これは労働価値説が誤りである証拠ではないでしょうか。

この点についてマルクスは、商品の値段は上下を繰り返すが、平均すれば労働時間による価値と一致するようになると弁明しました。

しかし、これも詭弁《きべん》にすぎません。実際には、商品の値段は一度上がれば、下がることはあまりありません。身近な日用品の価格や料金の実際の変動を見れば明らかです。

次に、単純労働と複雑労働の違いはどう説明するのでしょうか。商品を生産するのに同じ時間がかかったとしても、価格に差があります。例えば、誰にでも簡単に作れるような机を作るのと、精密な部品を材料とするコンピューターを作るのとでは、同じ時間をかけて生産したとしても、商品の価格が全く違います。これらは単純に労働時間だけでは測ることができず、明らかにコンピューターの価値が大きくなります。これは労働価値説と矛盾するのではないでしょうか。

この点については、マルクスは次のように弁明しました。

「（複雑労働は）ただ、自乗された、またはむしろ倍化された簡単労働としてのみ意義をもつのであり、かくして、ある少量の複雑労働は、ある大量の簡単労働に等しい」

高い知識や熟練度を要する複雑労働は、例えば、その知識や熟練度が平均的一般労働の二倍必要であるとすれば、単純労働に比べて労働量が二倍入っているということです。

これを式で表すと、次のようになります。

商品価値 ＝ 単純労働時間 × 知識・熟練度

では、この「知識・熟練度」の数値は誰が決めるのかというと、社会が自動的に行うのだと言いました。つまりコンピューター一台の労働時間当たりの価値が、机一台の十倍の価値があるのだとすれば、そのコンピューターの労働に要する「知識・熟練度」は十と計算されるというわけです。

これは明らかに欺瞞《ぎまん》です。マルクスは、そもそも商品の価値を労働者の労働時間によって一律に決定するために労働価値説を提唱したのです。ところが、つじつまが合わなくなると、労働には単純労働と複雑労働があって、結局は同じ労働時間でも価値の全く異なる商品ができると言ったのです。これは労働価値説の根本を否定しています。

他にも、労働時間がなくて生じた商品の価値をどう考えるのか、という問題もあります。例えば、偶然見つけたダイヤモンドの価値はゼロなのでしょうか。記念切手や骨董品《こっとうひん》、アイデアや情報などは、労働時間と関係なく売買が行われていて、なかには非常に高い値がつく商品もあります。これをどう説明するのでしょうか。

また、長時間かけて作った商品であれば、なんでも高い価値をもつのでしょうか。品質が良くなくても、極端な話、欠陥品であっても、それを生産するための労働時間が長ければ、それでも高い価値をもつのでしょうか。
こうした現実的問題に対してマルクスは何も答えていません。

では、どう考えるべきなのでしょうか。商品の価値は労働量によってではなく、使用価値によって決定されるのです。同じ労働時間であっても、優秀な労働者がつくった正確な時間を刻む時計は高い価格で売れますが、未熟な労働者がつくった故障しがちな時計はほとんど売れません。ものに労働が含まれていても、使用価値がなければ商品にならないのです。

こう考えると、使用価値こそが、商品の価値の本質であることが分かります。生産者は収益を考慮して価格を提示し、消費者は商品の効用を考えて購入を検討します。両者が共に満足すれば売買が成立します。生産者と消費者の満足量が一致したとき、交換が成立するのです。このように、満足＝喜びの量こそが、その商品の価値なのです。

マルクスは、商品の価値とは交換価値であり、それはすなわち労働時間によって決定されると言いました。しかし本当の商品の価値とは、交換価値ではなく使用価値によって決定されるのです。

必要労働と剰余労働

次に剰余価値説です。

マルクスは、「労働者も一個の商品である」と言いました。

一本のペンを購入するには、そのペンの生産コストを支払わなければなりません。同様に、資本家が一人の労働者を雇うには、労働者が労働者であるためのコストを支払わなければならないという理屈です。

具体的には、労働者が労働者として存在するためには、生活に必要な衣食住の費用が必要になります。さらに、労働者が生きていくだけのコストでは、その労働者が死んでしまえば労働力が消滅してしまいます。ですから、次の労働者を育成するためのコスト、すなわち養育費を「労働者の再生産」のためのコストとして支払うべきということになります。これらの費用を得るために必要な労働を、「必要労働」と言います。

ここで、必要労働が五時間である労働者がいるとします。つまり、自分自身が生きていくため、そして子育てをするための賃金を得るには、一日五時間働けばよい労働者です。

剰余価値説

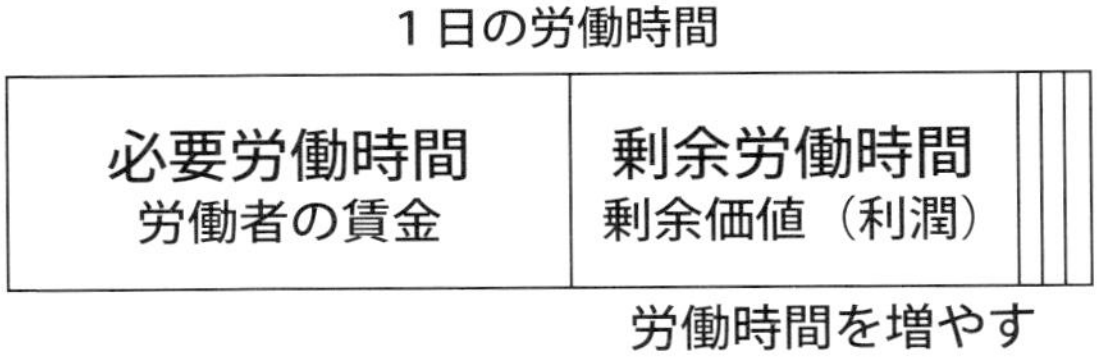

彼が、一日に八時間働いているとします。彼にとって、三時間の労働は本来必要のないものです。これを「剰余労働」と呼びます。資本家は、労働者には必要労働に当たる賃金しか支払いません。ですから、剰余労働によって生み出された価値は資本家のものとなります。この価値のことを剰余価値と言います。言い換えれば、資本家の利潤です。

マルクスは、資本家は労働者にできるだけ多くの剰余労働をさせようとしていると言いました。そして利潤を搾取していると述べました。これこそが、資本主義の搾取の構造であるというわけです。

〝人間の労働力のみが利潤を創出する〟と強弁

工場に機械を導入すれば、生産効率がアップします。普通に考えれば、資本家にとっても労働者にとっても良いことのはずです。

ところがマルクスは、そうは言いませんでした。機械の導入で生産効率が上がったように見えても、実際は労働者の負担が増えただけである。機械は利潤を生まない。機械によって生産性が上がったのは、機械が磨耗してすり減った部分だけである。労働者がより多く働かせられているにすぎないと言いました。

例えば、必要労働が五時間であった労働者が、機械を導入したことによって同じ賃金を得るための労働が三時間になったとします。これは、五時間分の労働を三時間でさせられていると解釈します。そして、計八時間働くとすれば、残りの五時間は剰余労働となり、この部分が資本家が独占する利潤となるわけです。つまり機械の導入は、労働者により多く働かせ、搾取を助長しているにすぎないというわけです。

「機械はすり減った分しか価値を生み出さない」というのは非常に苦しい弁明です。でも、そう説明しないと、「価値を生み出すのは労働者の労働だけである」という結論を維持できません。これでは剰余価値説が根本から崩れてしまいます。それでマルクスは、このような強弁をしたのです。

利潤は多くの生産要素の授受作用によって生まれる

では、剰余価値説の批判と代案です。

マルクスは、人間は労働者であると言いました。それで、労働者の衣食住などの必要な消費は、「労働力を生み出すための生活活動である」と表現したわけです。人間は労働するために生きているというのです。

しかし、そんなことはありません。労働は、人間が生きていく上での様々な活動の一つにすぎません。もちろん労働に生きがいを感じている人もいるでしょう。しかしそれは、様々な生き方の一つであって、すべての活動を「労働のため」と極論するのは強弁です。

また、「機械は利潤を生まない」というのも誤りです。現代では、ロボットが人間と同等、あるいはそれ以上の価値を生み出しています。商品の価値が労働者の労働のみから生まれるということはあり得ません。

勝共理論の観点から言えば、利潤は多くの生産要素によって生まれます。現場で作業する労働者だけでなく、経営者、事務員、そして原材料や設備など、あらゆる生産要素が円滑に授受作用してこそ、大きな価値が生み出されるのです。

現実には、労働者の賃金が不当に低く抑えられることがあります。しかしそれは、資本主義そのものが持つ欠陥ではありません。主に道徳心や遵法精神に欠けた経営者がいるためであって、それは人間の精神性の欠如による問題です。

資本論を国家の経済体制として採用した国として、旧ソ連や中国、そして北朝鮮があります。旧ソ連や中国では経済で失敗しました。そして体制を批判する者を弾圧することによっておびただしい数の犠牲者を出しました。北朝鮮は、かつて「労働者の天国」などと宣伝され、日本から十万人弱の人々が渡りました。実際は皆さんもご存じのとおりです。大半の国民は、飢えと貧困に苦しむだけでなく、行動の自由、思想信条の自由を奪われています。「労働者はすべて善であり、資本家はすべて悪である」という極端な決めつけによって、「労働者の天国」など実現できるはずがないのです。

〔第七章のポイント〕

●資本論は「マルクス経済学」「マル経」と呼ばれ、日本でも多くの経済学者が信奉した。

●資本論は労働価値説と剰余価値説という二つの理論から成り立っている。

●労働価値説とは、商品の価値は労働時間によって決定されるという理論である。

●剰余価値説とは、労働者を一個の商品として、労働者の生存と次世代労働者の再生産に必要なコストが賃金であるという理論である。資本家は必要労働時間分の賃金しか労働者に支払わず、利潤を独占している。

●利潤は労働者だけでなく、多くの生産要素の円満な授受作用によって生まれる。

●資本論を採用した国では経済が失敗し、おびただしい数の犠牲者を出した。

第八章　文化共産主義の脅威

形を変えた共産主義—文化共産主義

東西冷戦のまっただ中で、国際勝共連合は「勝共理論」を掲げ、共産主義問題の克服に取り組んできました。その結果、ソ連を中心とした東側（共産主義）陣営を崩壊に導いたことは、正に奇跡と言えるでしょう。

しかし残念ながら、米・ソの冷戦の終結をもって「共産主義問題は完全に解決された」とは言えません。その理由は大きく二つあります。

第一に、国際社会が共産党の一党独裁体制を貫く中国の脅威を見抜けませんでした。「いずれ民主化されるだろう」と安易に考え、現在の覇権拡大を許してしまいました。

そして第二に、日本を含む自由主義諸国において、「文化共産主義」の本質を見抜くことができませんでした。第一章で、結婚しない若者が急増していることを紹介しましたが、その最大の原因は、若者が家庭を価値視しなくなったところにあります。私たち国際勝共連合は、これは形を変えた共産主義思想の影響であると考えています。この「形を変えた共産主義思想」こそが、文化共産主義です。

共産主義とは、これまで説明してきたように、暴力革命によって資本主義体制を倒し、労働者階級による国家統治を実現しようとする思想です。ですから必然的に暴力を肯定します。しかし、文化共産主義は暴力を肯定しません。むしろ敵視します。ですから一見すると、共産主義とは関係ないかのように見えます。

かつての日本の共産主義運動と言えば、ヘルメットをかぶり、角棒（ゲバルト棒）を握り、シュプレヒコールを叫びながらデモを行ったりしました。一方、文化共産主義は、学者や議員らが前面に立ち、研究発表を行ったり、言論活動を行ったりします。そして公民館などで集会を行い、人権や平等などの勉強会を行います。あるいは、学校教育にも彼らの思想を浸透させようとします。外形的にはかつての共産主義とは全く違っています。

家庭を否定し破壊する思想

しかし、この脅威を決して軽視してはいけません。文化共産主義の目的は、伝統的な家庭の価値観を破壊することです。本質的には共産主義の階級闘争論と全く同じです。階級闘争論では、資本主義社会は資本家が労働者を搾取することで成り立つ制度であると説明します。そしてこれが、家庭においても成り立つのだというわけです。分かりやすく言えば、資本家がお金の力で労働者を支配するように、お金を稼いでくる父親が、お金の力で妻や子供を支配するということです。お金の力で弱者を支配する。これが家族制度である。その本質は階級闘争論と同じであるというわけです。

彼らの思想では、家庭は人を育む場ではありません。犠牲を強いるための強制です。人権を奪う束縛です。だから破壊しなければならないと考えます。その根底に、共産主義思想があるのです。

もっとも、このような家庭破壊思想は、彼らの運動の前面にはあまり出てきません。彼らが運動として取り組むのは、次のような内容です。

○選択的夫婦別姓
○男女共同参画社会（ジェンダーフリー思想）
○過激な性教育
○子供の権利条例
○同性婚合法化

つまり、子供や女性、あるいは性的少数者などの社会的弱者の味方を演じることで、最終的には家庭の価値を破壊しようとしているのです。

もちろん子供や女性、あるいは性的少数者の人権は守らなければなりません。ただし、子供の権利や女性の権利という、一般的な権利とは別の権利があるのではありません。子供も女性も一人の人間です。性的少数者もそうです。彼らは一人の人間として権利が保障されます。権利の侵害は許されません。

しかし、だからといって、「子供の権利」という特別な権利をつくり、「子どもは、ありのままの自分でいることができる」「安心できる場所で自分を休ませ、余暇を持つこと（が保障される）」（川崎市・子供の権利に関する条例）などと定めるのはやりすぎです。

文化共産主義とはいったいどんな思想なのか、どこが間違っているのか、はっきりさせることが必要です。まずは、思想の流れを明らかにしましょう。

グラムシの文化革命

文化共産主義の始祖ともいえるのが、二十世紀初頭にイタリアの共産党書記長だったアントニオ・グラムシ（一八九一―一九三七）です。日本では、菅直人《かんなおと》元首相が師と仰ぐ政治学者の松下圭一《けいいち》氏（一九二九―二〇一五）などが、この人物から大きな影響を受けています。

グラムシは生後すぐに身体障害者となりました。そして母子家庭でもあったため、非常に苦しい学生時代を過ごしました。そして奨学金を得てトリノ大学に入学すると、直ちにイタリア社会党に入党しました。やがて彼は大学を中退し、社会党機関紙の職員となりました。

その後、三十歳の時に仲間と共にイタリア共産党を結成し、ロシア革命後のモスクワに行きました。そこで彼はコミンテルンの執行委員となります。コミンテルンとは、共産主義革命を世界に広めるためにソ連でつくられた国際組織です。ちなみに日本共産党は、コミンテルンの日本支部として一九二二年に結成されました。

グラムシは、その活動の過激さゆえに、イタリアのムッソリーニ政権によって逮捕状が出され、イタリアに帰国することができなくなりました。しかし、彼は国外から国会議員に立候補。見事に下院議員に選出されると、議員の不逮捕特権を利用してイタリアに帰国しました。しかし、強権のムッソリーニ政権によって、懲役二十年四カ月の禁錮刑判決を受けました。

こうして彼は獄中の人となりましたが、彼の共産主義革命に対する思いは消えませんでした。彼は自分の思想をノートに書き続け、その数はノート三十三冊にのぼりました。これが後の文化共産主義者らに大きな影響を与える「獄中ノート」です。

グラムシ（1891-1937）

彼は共産主義者でしたから、共産主義革命が成功したロシアでは素晴らしい社会が実現しているはずだと考えていました。ところが実際に行ってみると、そこは監視と弾圧の恐怖の社会でした。グラムシは、なぜそうなったのか理由を考えました。

共産主義は正しいはずだ。では、ロシアで共産主義革命が成功したはずなのに、なぜ素晴らしい社会が実現しなかったのか。彼は、その理由はロシア人が共産革命を望んでいなかったからだと結論付けました。ロシア人の心の奥底にはキリスト教思想が根付いている。だから唯物論である共産主義を受け入れることができなかった。そのため、革命が表面的にしか成功しなかったのだというわけです。

グラムシは考えました。では、どうしたら共産主義革命を本当の意味で成功させることができるのか。その結論は、「文化革命」でした。

革命によって権力を奪取し、上から共産主義を実現しても、本当の意味で革命を成功させることはできない。人々の心まで変えることはできない。革命を成功させるためには、人々の心の奥底にまで唯物論を浸透させなければならない。共産主義思想を徹底させなければならない。そのためには、文化を通して、下からの革命を通して、共産主義を実現しなければならないと考えたのです。

彼が挙げた文化とは、芸術、映画、演劇、教育、新聞、雑誌などです。たとえ長い行程を要したとしても、こうした媒体を通して人々に反権力、反キリスト教の精神が根付けば、暴力革命をせずとも、自然に社会を変革することができるというわけです。

フランクフルト学派、アメリカ上陸

グラムシの考え方が土台となり、一九二三年にドイツのフランクフルト大学に「マルクス思想研究所（社会研究所）」が設立されました。研究者の多くはユダヤ人であり、当時の独裁者であるヒトラー、ナチスから隠れ、ひたすら文化共産主義の研究を進めました。そして彼らはアメリカに移住し、ニューヨークに研究所を設立。彼らの思潮の流れは、後に「新フランクフルト学派」と呼ばれるようになりました。その主な主張を以下に紹介します。

「何がヒトラーやナチスを生み出したのか？　どのような背景が人種差別主義者や独裁者を生み出したのか？　それは、キリスト教や家族制度である。そして伝統、道徳、性的節度、忠誠心、愛国心などのあらゆる西洋的価値観である。これらを否定しなければ、新たなファシズムが生まれる」

折しも一九六〇年代のアメリカでは、ケネディ大統領の暗殺、キング牧師の暗殺、長引くベトナム戦争などによって、社会には不安が蔓延《まんえん》していました。また当時は、十八歳から二十五歳の男性に兵役の義務があり、若者の間に「いつベトナムに派遣されるか分からない」という不安がつきまとっていました。そして多くの学生が、反戦運動に立ち上がっていました。

マルクーゼのエロス文明論

そんな彼らの教祖的存在になったのが、新フランクフルト学派のヘルベルト・マルクーゼ（一八九八―一九七九）です。彼はフロイトの理論を独自に解釈し、「エロス的人間観」「エロス文明論」といった理論を確立しました。人間疎外の克服は、人間の本質であるエロス（性的衝動）が解放された社会を実現することによって成されるという理論です。もちろん、この理論で敵と位置づけられるのは、キリスト教精神、伝統的な家族制度、そして伝統的な貞操概念です。

マルクーゼ（1898-1979）

マルクーゼはアメリカの若者たちに次のように訴えかけました。

「アメリカは真の民主主義国家ではない。少数のエリートによってコントロールされた社会である。この国を変革しなければならない。そして革命の手段は武器ではない。セックスとドラッグである」

「人間は身体のあらゆる部分が快楽を求めている。性欲には善悪も合理性もない。エロスを解放せよ。エロス文明こそ人間性が真に解放された社会である。そこに戦争はない。一夫一婦制に始まる文化的規範はすべて拒絶せよ！」

マルクーゼの著作は売れに売れました。当時の反戦運動で掲げられた「戦争よりセックスを」は、彼が生んだスローガンです。

こうしてアメリカの都市部では、キリスト教的価値観や伝統的な家族の価値が急速に崩れていきました。そしてフリーセックスとドラッグがはびこる「病める大国」へと急変していったのです。

日本に浸透する文化共産主義

マルクスは、一夫一婦制を「支配─被支配」の関係であると捉えました。男が女を搾取し、無給の家事労働を強いるシステムであるというわけです。もちろん原理的には夫婦は主体と対象であり、愛と美を交わし合う存在です。一対一なのは支配や独占のためではなく、愛に絶対性、唯一性、不変性、永遠性をもたらすためです。

次にエンゲルスは、一夫一婦制は私有財産の独占と相続のために生まれたと説明しました。人類はかつて乱婚状態（フリーセックス）にあったが、私有財産の発生によって男の力が強まり、さらに我が子への財産相続を有利にするために一夫一婦制という婚姻形態を作り出したといいます。『家族、私有財産および国家の起源』では、「自分の富の相続人となるはずの子を生ませること――これだけが……一夫一婦制の全目的である」と断じています。

だから一夫一婦制は、「最初の階級闘争の場」であり、夫が妻を（他の男と性交させないために）家庭の中に押し込めて支配するシステムであると定義しました。共産主義社会が実現して私有財産がなくなれば、一夫一婦制も消滅するというのです。

この理論は、生産関係が意識形成を規定するという「土台と上部構造」の理論に基づいています。また、現代のフェミニストの、「男女共同参画」論の根拠にもなっています。妻が働いて夫の経済的優越性をなくさない限り、真の男女平等には至らないというわけです。

科学的には、「人類はかつて乱婚状態にあった」などという根拠はどこにもありません。ただの空理空論です。

しかし、マルクーゼの思想は日本にもやってきました。特に一九九四年に社会党の村山富市内閣が発足してからは、政府にも浸透するようになりました。政策を検討する会議に文化共産主義の学者・専門家らが選出され、盛んに議論が進められたのです。

例えば一九九九年には、男女共同参画社会基本法が制定されました。その際に開催された審議会の審議員には、東京大学教授の大沢真理氏が選ばれました。彼女はジェンダー研究を専門とする学者で、実に過激な思想の持ち主です。男女の生物学的な違いは存在しない、社会的・文化的に生まれた性差しかないと公言します。男女の性差は、遺伝子の染色体によって決定されるのですから、何ら科学的根拠のない考えです。

そして基本法が制定され、あるいは男女共同参画ビジョンが制定され、ジェンダーフリー理論を含む多くの出版物が発行されるようになりました。

内閣府の男女共同参画局のホームページでは、性別役割分業が明確に否定されています。性別役割分業とは、「男は働き、女は家庭」という考え方です。もちろん「女性は仕事をすべきではない」「家事や育児は女の仕事だ」などと言うつもりはありません。最近では、家事や育児をする男性もずいぶん増えてきました。

しかし、この思想の背景には、「男女の性差などない」という過激な思想があるのです。男女の性差がなければ、父親と母親の違いはなくなります。夫婦の違いもなくなります。これは生物学的に誤っているだけでなく、家庭の価値を否定する思想なのです。

家庭の中でこそ、人は人として成長し、幸せな人生を歩むことができます。家庭において、夫婦それぞれの役割があります。子供には父親と母親の両方が必要です。

性別役割分業を否定する背景には、家庭における男女の役割までも否定する考え方があります。だから問題なのです。

家庭の価値を破壊する文化共産主義は、決して容認できません。

〔第八章のポイント〕

●文化共産主義は、伝統的な家庭の価値を破壊する思想である。

●その根底にあるのは、共産主義の階級闘争論である。

●具体的な取り組みには、選択的夫婦別姓、ジェンダーフリー思想、過激な性教育、子供の権利条例、同性婚合法化などがある。

●日本では、社会党の村山富市委員長を首班とする自社さ連立政権の発足以降、行政に浸透した。

著者紹介

中村 学（なかむら まなぶ）

1972年、福島県郡山市生まれ。東京大学工学部卒業。在学中から勝共運動に参加。その後、国際勝共連合で思想啓蒙を担当、全国で共産主義の誤りを訴える。2011年、国際勝共連合教育部長。2018年、同連合教宣局長。執筆、講演活動等に精力的に取り組んでいる。

よくわかる勝共理論 日本と世界の平和のために

2019年1月30日　　初版発行

著　者　中村 学
発　行　株式会社 光言社
〒150-0042 東京都渋谷区宇田川町37-18
TEL（代表） 03（3467）3105
https://www.kogensha.jp
印　刷　株式会社 ユニバーサル企画

ISBN978-4-87656-204-6